essencialismo

A disciplinada busca por menos

GREG McKEOWN

SEXTANTE

Título original: *Essentialism*

Publicado mediante acordo com a Crown Business, uma marca do Crown Publishing Group, uma divisão da Random House LLC, Penguin Random House Company

Tradução: Beatriz Medina

Preparo de originais: Melissa Lopes Leite e Sheila Louzada

Revisão: Ana Grillo, Ângelo Lessa e Juliana Souza

Adaptação de capa: Gustavo Cardozo

Diagramação: Miriam Lerner | Equatorium Design

Ilustrações e capa: Amy Hayes Stellhorn/Big Monocle em colaboração com Maria Elias (www.bigmonocle.com)

Impressão e acabamento: Associação Religiosa Imprensa da Fé

CIP-BRASIL. CATALOGAÇÃO NA PUBLICAÇÃO
SINDICATO NACIONAL DOS EDITORES DE LIVROS, RJ

M143e
McKeown, Greg
Essencialismo / Greg McKeown ; tradução Beatriz Medina. - 1. ed. - Rio de Janeiro : Sextante, 2023.
208 p.: il.; 21 cm

Tradução de: Essentialism
ISBN 978-65-5564-523-1

1. Escolha (Psicologia). 2. Processo decisório. 3. Essencialismo (Filosofia) I.Medina, Beatriz. II. Título.

22-80129 CDD: 153.83
CDU: 159.947.2

Meri Gleice Rodrigues de Souza - Bibliotecária - CRB-7/6439

GMT Editores Ltda.
Rua Voluntários da Pátria, 45 – 14º andar – Botafogo
22270-000 – Rio de Janeiro – RJ
Tel.: (21) 2538-4100
E-mail: atendimento@sextante.com.br
www.sextante.com.br

Dedicado a
Anna
Grace
Eve
Jack
e Esther

Vocês personificam
tudo o que é essencial
para mim.

SUMÁRIO

As notas e agradecimentos deste livro estão disponíveis em:
https://sextante.com.br/essencialismo/notas.pdf

CAPÍTULO 1

O ESSENCIALISTA

A SABEDORIA DA VIDA CONSISTE EM ELIMINAR O QUE NÃO É ESSENCIAL.

— Lin Yutang

Sam Elliot* é um competente executivo do Vale do Silício que se viu sobrecarregado depois que sua empresa foi adquirida por outro grupo maior e mais burocrático.

Ele estava decidido a se sair bem em seu novo papel, então, sem pensar direito, disse sim a muitos pedidos. Como resultado, passava o dia inteiro correndo de uma reunião para outra, tentando atender a todos e cumprir todas as tarefas. Conforme o estresse aumentava, a qualidade de seu trabalho caía. Era como se estivesse se dedicando mais justamente às atividades menos importantes. Em consequência disso, seu desempenho se tornou insatisfatório para si mesmo e decepcionante para aqueles que ele tanto queria agradar.

No meio dessa frustração, a empresa o procurou e lhe ofereceu um plano de aposentadoria precoce. Mas, com 50 e poucos anos, ele não tinha o mínimo interesse em parar de trabalhar. Chegou a pensar em abrir uma empresa de consultoria. Ou então em atuar como consultor freelancer para seu empregador atual. Mas nenhuma dessas opções lhe pareceu muito atraente. Então ele procurou um coach, que lhe deu um conselho surpreendente: "Fique, mas faça o que faria como consultor e nada mais. E não conte nada a ninguém." Em outras palavras, o mentor o

* O nome foi alterado.

aconselhou a só fazer o que considerasse essencial – e ignorar todo o resto que lhe pedissem.

O executivo seguiu o conselho. Comprometeu-se a reduzir sua participação em atividades burocráticas, dia após dia. Começou a dizer não.

Passou a avaliar os pedidos com base no seguinte critério: "Será que consigo atender a esse pedido com o tempo e os recursos de que disponho?" Quando a resposta era não, ele se recusava a atender a solicitação. Ficou agradavelmente surpreso ao descobrir que, embora a princípio parecessem um pouco desapontadas, as pessoas pareciam respeitar sua franqueza.

Estimulado por essas pequenas vitórias, ele foi um pouco mais além. Agora, quando lhe faziam um pedido ele o analisava usando critérios mais exigentes: "Essa é a coisa mais importante que eu deveria fazer com meu tempo e meus recursos neste momento?"

Se não conseguisse responder sim categoricamente, não executava a tarefa. E mais uma vez, para sua imensa satisfação, embora no início ficassem decepcionados, logo os colegas passaram a respeitá-lo mais – e não menos – pela recusa.

Ainda mais encorajado, passou a aplicar esse critério seletivo a tudo, não só a pedidos diretos. Antes, ele sempre se oferecia para realizar apresentações ou tarefas que surgiam de última hora; agora, dava um jeito de não ser convocado. Costumava ser um dos primeiros a responder a um e-mail com vários copiados; agora, apenas lia e deixava que os outros tomassem a dianteira. Parou de participar de teleconferências das quais só alguns minutos lhe interessariam. Deixou de comparecer à reunião informativa semanal porque não precisava dos dados que seriam expostos. Não ia mais às reuniões se não tivesse alguma contribuição direta a dar. Entendeu que só o fato de ter sido convidado não era razão suficiente para comparecer.

A princípio, pareceu uma atitude individualista. Mas ao ser seletivo, Sam obteve mais espaço para si, e nessa brecha encontrou liberdade criativa. Agora ele concentrava seus esforços num projeto de cada vez. Era capaz de planejar meticulosamente. Conseguia prever barreiras e começar a remover obstáculos. Em vez de correr para lá e para cá tentando fazer tudo, finalizava apenas os itens essenciais. A nova dedicação a fazer o que era de fato importante e eliminar todo o resto o fez recuperar a qualidade de seu trabalho. Em vez de avançar apenas um milímetro num milhão de direções, ele começou a dar um imenso impulso rumo à realização do que era verdadeiramente vital.

Ele continuou assim durante vários meses. Descobriu de imediato que, além de render mais no trabalho, à noite ele ainda tinha mais tempo para aproveitar em casa. "Recuperei a vida familiar! Consigo chegar em casa numa hora decente", disse. Hoje, em vez de ser escravo do celular, ele o deixa desligado nas horas vagas. Vai para a academia, sai para jantar fora com a mulher.

Para sua grande surpresa, a experiência não teve repercussões negativas. Ele não foi punido nem criticado pelo chefe. Os colegas não se ressentiram, pelo contrário; como Sam ficou apenas com os projetos que eram significativos para ele e realmente úteis para a empresa, eles passaram a respeitar e valorizar seu trabalho, que voltou a ser recompensador. Sua avaliação de desempenho melhorou muito e ele acabou recebendo um dos maiores bônus de toda a sua carreira.

Nesse exemplo está a proposta de valor básica do essencialismo: só quando nos permitimos parar de tentar fazer tudo e deixar de dizer sim a todos é que conseguimos oferecer nossa contribuição máxima àquilo que realmente importa.

E quanto a você? Quantas vezes respondeu sim a um pedido sem pensar direito? Quantas vezes se arrependeu de ter se comprometido a fazer alguma coisa, sem entender por que aceitou a tarefa? Quantas vezes disse sim só para agradar? Ou para evitar problemas? Ou porque "sim" virou a resposta padrão?

Conseguiu se identificar? Então agora responda: acha que está sobrecarregado? Já se sentiu ao mesmo tempo com excesso de trabalho e subutilizado? Já notou que só se dedica a atividades pouco importantes? Considera-se ocupado mas não produtivo, como se estivesse sempre em movimento, mas sem chegar a lugar nenhum?

Se respondeu sim a qualquer uma dessas perguntas, o melhor caminho para sair da situação é o do essencialista.

O caminho do essencialista

Durante muitos anos, Dieter Rams foi projetista-chefe da fabricante Braun. Ele acredita fortemente na ideia de que quase tudo é ruído e que pouquíssimas coisas são essenciais. Seu trabalho é filtrar o ruído até chegar à essência. Por exemplo, quando tinha 24 anos, pediram-lhe na empresa que colaborasse com o projeto de um toca-discos. A norma na época era cobrir o aparelho com uma tampa de madeira maciça ou mesmo incorporá-lo a um móvel para pôr na sala. Em vez disso, ele e a equipe removeram toda a tralha e projetaram um toca-discos com uma tampa plástica transparente e só. Foi a primeira vez que se usou um projeto desses, tão revolucionário que temeram que levasse a empresa à falência porque ninguém o compraria.

Foi preciso coragem para eliminar o que não era essencial. Na década de 1960, essa estética começou a tomar impulso. Com o tempo, tornou-se o padrão.

Dieter define seus critérios de projeto usando apenas três palavras em alemão: *Weniger aber besser*. A tradução é *menos porém melhor*. Seria difícil encontrar uma definição mais adequada de essencialismo.

O caminho do essencialista é buscar de forma incansável o menos porém melhor. Ele não concorda com o princípio só de vez em quando, mas o adota de maneira *disciplinada* o tempo inteiro.

Não basta incluir entre as resoluções de ano-novo dizer "não" mais vezes, limpar a caixa de entrada de e-mails ou dominar alguma nova estratégia de administração do tempo. É necessário parar constantemente para se perguntar: "Estou investindo nas atividades certas?"

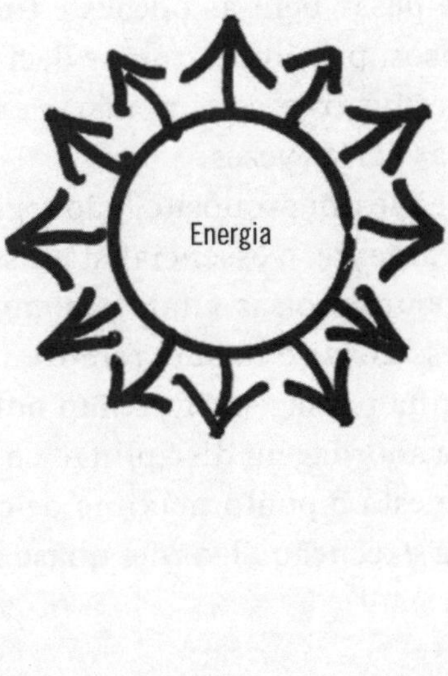
Energia

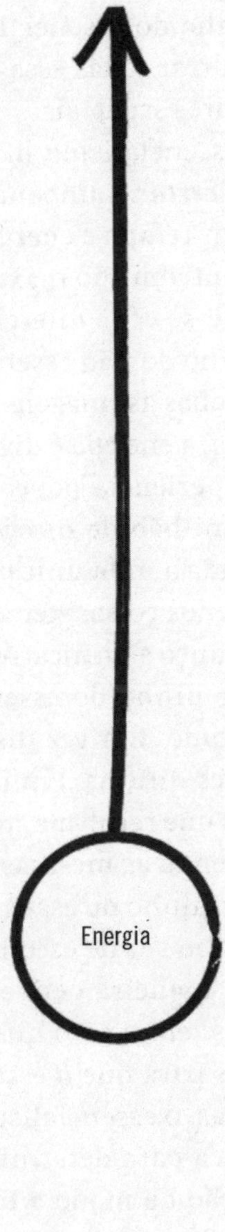
Energia

Existem muito mais atividades e oportunidades no mundo do que tempo e recursos para investir nelas. E, embora muitas possam até ser muito boas, o fato é que a maioria é trivial. O caminho do essencialista exige aprender a fazer uma distinção: filtrar todas essas opções e selecionar apenas as verdadeiramente essenciais.

O essencialismo não trata de fazer mais; trata de fazer as coisas *certas*. Também não é fazer menos só por fazer menos. É investir tempo e energia da forma mais sábia possível para dar sua contribuição máxima fazendo apenas o essencial.

Pode-se ver a diferença entre o caminho do essencialista e o caminho do não essencialista no esquema da página anterior. Em ambas as imagens, o esforço é o mesmo. Na imagem da esquerda, a energia é dividida em muitas atividades. O resultado é a experiência pouco satisfatória de avançar um milímetro num milhão de direções. Na imagem da direita, a energia é dedicada a uma única atividade. O resultado é que, ao investir em menos coisas, temos a experiência satisfatória de alcançar um avanço significativo no que mais importa.

O caminho do essencialista rejeita a ideia de que se pode fazer tudo. Em vez disso, exige pesar bem as opções e tomar decisões difíceis. Em muitos casos, possibilita tomar decisões únicas que resolvem mil decisões futuras, e assim não se exaurir fazendo as mesmas perguntas várias vezes.

O caminho do essencialista segue um propósito, não segue o fluxo. Em vez de escolher reativamente, o essencialista distingue de maneira deliberada as poucas coisas vitais das muitas triviais, elimina o que não é essencial e depois remove obstáculos para que o essencial tenha passagem livre. Em outras palavras, o essencialismo é uma abordagem disciplinada e sistemática para determinar onde está o ponto máximo de contribuição de modo a tornar sua execução algo que quase não demanda esforço.

O modelo

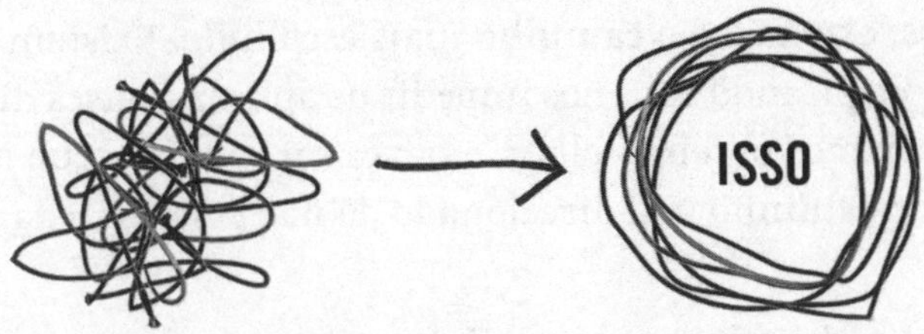

	Não essencialista	Essencialista
Pensa	**TUDO PARA TODOS** "Tenho que fazer." "Tudo é importante." "Como dar conta de tudo?"	**MENOS PORÉM MELHOR** "Escolho fazer." "Apenas poucas coisas realmente importam." "Do que abrir mão?"
Faz	**A BUSCA INDISCIPLINADA POR MAIS** Reage ao que é mais urgente Diz "sim" sem pensar direito Tenta forçar a execução na última hora	**A BUSCA DISCIPLINADA POR MENOS** Faz uma pausa para discernir o que realmente importa Diz "não" a tudo, menos ao essencial Remove obstáculos para tornar a execução fácil
Obtém	**LEVA UMA VIDA QUE NÃO SATISFAZ** Aceita tarefas demais e o trabalho deixa a desejar Sente-se sem controle Não sabe se as coisas certas foram feitas Sente-se exausto e sobrecarregado	**LEVA UMA VIDA QUE TEM SIGNIFICADO** Escolhe com cuidado para fazer um excelente trabalho Sente-se no controle Faz as coisas certas Sente alegria na jornada

O caminho do essencialista leva ao controle sobre as próprias escolhas e a um novo nível de sucesso e significado. Nele, aproveitamos a viagem e não apenas o destino. Apesar de todos esses benefícios, este não é o caminho mais escolhido. Existem forças demais conspirando para nos impedir de aplicar a busca disciplinada por menos porém melhor, e talvez seja por isso que muitos acabam no caminho mal direcionado do não essencialista.

O caminho do não essencialista

Num dia claro de inverno na Califórnia, minha mulher, Anna, deu à luz nossa querida filha. Ela estava radiante.[1] No entanto, aquele que deveria ser um dos dias mais serenos e felizes da minha vida estava sendo muito tenso. Enquanto nossa bebê se aninhava nos braços da minha mulher no quarto do hospital, eu falava ao telefone, abria e-mails e me sentia pressionado para comparecer a uma reunião com clientes.

Meu colega escrevera: "Sexta-feira entre 13 e 14 horas é uma péssima hora para ter filhos porque preciso que você vá a uma reunião com X." Embora eu tivesse quase certeza (ou pelo menos torcesse por isso) de que o e-mail fora escrito de brincadeira, ainda me senti obrigado a ir.

Instintivamente, eu sabia o que fazer. Aquele era o momento de ficar com minha esposa e minha filha recém-nascida. Porém, quando me perguntaram se eu pretendia comparecer à reunião, respondi com toda a convicção possível: "Sim."

Para minha vergonha, deixei as duas no hospital e fui. Depois, meu colega disse: "O cliente vai respeitá-lo por decidir estar aqui." Mas a expressão dos executivos quando cheguei não transmitiu respeito. Na verdade, refletiu o que eu sentia. O que estava fazendo ali? Só dissera "sim" para agradar e, com isso, prejudicara minha família, minha integridade e até o relacionamento com o cliente.

No final das contas, a reunião não deu em absolutamente nada. Mas, mesmo que tivesse dado, não há dúvida de que seria um mau negócio. Para deixar todo mundo feliz, sacrifiquei o mais importante.

Depois de refletir a respeito, aprendi esta importante lição:

Se não estabelecermos prioridades, alguém fará isso por nós.

Essa experiência renovou meu interesse – leia-se obsessão incansável – em entender por que pessoas inteligentes fazem escolhas equivocadas na vida pessoal e na profissional. Por que preferimos utilizar muito pouco a capacidade que temos? Como fazer escolhas de maneira a aproveitar melhor o nosso potencial e o das pessoas por toda parte?

Minha missão de lançar luz sobre essas questões já me levou a largar a faculdade de Direito na Inglaterra e depois de um tempo fazer um MBA na Universidade Stanford, na Califórnia. Esse processo me motivou a passar mais de dois anos colaborando com o livro *Multiplicadores*. E acabou me inspirando a abrir uma empresa de estratégia e liderança no Vale do Silício, onde desenvolvo uma parceria com pessoas extremamente competentes das organizações mais interessantes do planeta, ajudando-as a seguir o caminho do essencialista.

No trabalho, vi gente do mundo inteiro consumida e sobrecarregada pelas pressões do cotidiano. Fui coach de profissionais "bem-sucedidos" que sofriam em silêncio pela dor de tentar desesperadamente fazer tudo, agora, com perfeição. Vi pessoas encurraladas por gerentes controladores, sem saber que não "precisavam" fazer todos os serviços inúteis e pouco reconhecidos que são exigidos delas. E trabalhei incansavelmente para entender por que tantos indivíduos brilhantes, inteligentes e capazes continuam presos às garras fatais do que não é essencial.

O que descobri me surpreendeu.

Prestei serviços para um executivo bastante motivado que entrou muito jovem no ramo da tecnologia e adorava o que fazia. Ele me contou que logo no início foi recompensado por seu conhecimento e sua paixão com inúmeras oportunidades. Ansioso para aproveitar o sucesso, continuou a ler o máximo possível e a buscar tudo o que podia com entusiasmo. Quando o conheci, era hiperativo e tentava aprender tudo e fazer tudo. Parecia que encontrava uma nova obsessão a cada dia, às vezes a cada hora. No processo, perdeu a capacidade de discernir as poucas coisas vitais entre as muitas triviais. *Tudo* era importante. Como consequência, foi ficando cada vez mais sobrecarregado, avançando um milímetro num milhão de direções. Trabalhava demais e era subutilizado. Foi quando desenhei para ele a imagem à esquerda no esquema da página 11.

Ele a fitou por muitíssimo tempo, num silêncio nada característico. Depois disse, com uma boa pitada de emoção:

– Essa é a história da minha vida!

Em seguida, desenhei a imagem à direita.

– O que aconteceria se conseguíssemos identificar uma única coisa que você poderia fazer para dar sua contribuição máxima? – indaguei.

Ele respondeu com sinceridade:

– Ótima pergunta.

Na verdade, muita gente ambiciosa e inteligente tem razões perfeitas e legítimas para achar difícil responder a essa pergunta. Uma delas é que, em nossa sociedade, somos punidos pelo bom comportamento (dizer não) e recompensados pelo mau comportamento (dizer sim). O primeiro costuma soar estranho na hora em que é dito; o segundo é comemorado. Isso leva ao que chamo de "paradoxo do sucesso",[2] que pode ser resumido em quatro fases previsíveis:

1ª FASE: Quando realmente temos clareza de propósito, conseguimos ter sucesso nas iniciativas.

2ª FASE: Quando temos sucesso, conquistamos a fama de ser a pessoa que resolve. Somos vistos como alguém que está sempre a postos quando necessário, e cada vez nos apresentam mais opções e oportunidades.

3ª FASE: O aumento de opções e oportunidades, que na verdade significa mais exigências sobre nosso tempo e nossa energia, leva à dispersão do esforço. Quando isso acontece, ficamos muito sobrecarregados.

4ª FASE: Acabamos nos afastando do que deveria ser nosso nível máximo de contribuição. O efeito do sucesso destrói a própria clareza que, a princípio, nos levou a alcançá-lo.

É curioso que *a busca pelo sucesso possa ser um catalisador do fracasso.* Em outras palavras, o sucesso pode nos impedir de nos concentrarmos nas coisas essenciais que, antes de qualquer outra coisa, produzem o sucesso.

Podemos ver isso por toda parte. No livro *Como as gigantes caem*, Jim Collins examina o que deu errado com empresas que desmoronaram e antes eram supervalorizadas em Wall Street.[3] Ele constata que, em muitos dos casos, cair na "busca indisciplinada por mais" foi uma razão fundamental do fracasso. Isso vale tanto para as empresas quanto para as pessoas que trabalham nelas. Mas por quê?

Por que o não essencialismo está por toda parte

Várias tendências se combinaram para criar um desastre não essencialista. Eis algumas delas:

OPÇÕES DEMAIS

Todos observamos na última década o aumento exponencial de opções relativas a quase tudo. No entanto, mesmo no meio desse aumento, e talvez por causa dele, perdemos de vista as coisas mais importantes.

A BUSCA INDISCIPLINADA POR MAIS

Como disse Peter Drucker:

> Daqui a algumas centenas de anos, quando a história do nosso tempo for escrita de um ponto de vista de longo prazo, é provável que, para os historiadores, o acontecimento mais transformador não seja a tecnologia, a internet nem o comércio eletrônico. Será a mudança sem precedentes da condição humana. Pela primeira vez um número substancial e crescente de pessoas tem opção. E a sociedade está totalmente despreparada para lidar com isso.[4]

Em parte, estamos despreparados porque, como nunca antes, a preponderância das escolhas sobrepujou nosso poder de administrá-las. Perdemos a capacidade de filtrar o que é importante e o que não é. Segundo os psicólogos, trata-se da "fadiga decisória": quanto mais escolhas somos forçados a fazer, mais a qualidade das decisões se deteriora.[5]

EXCESSO DE PRESSÃO SOCIAL

Não foi só o número de escolhas que aumentou exponencialmente, mas também a força e o número de influências externas sobre as decisões. Embora muito já tenha sido dito e escrito a respeito de como estamos hiperconectados e a distração que essa sobrecarga de informações pode causar, a questão maior é que essa capacidade de conexão aumentou a força da pressão social. A tecnologia nos aproximou muito mais das opiniões alheias sobre o que deveríamos focalizar. Não é apenas sobrecarga de informações; é sobrecarga de opiniões.

A IDEIA DE QUE "PODEMOS TER TUDO"

A ideia de que podemos ter e fazer tudo não é nova. Esse mito tem sido pregado há tanto tempo que acredito que praticamente todo mundo que está vivo hoje foi contaminado por ele. Ele é vendido na publicidade, defendido nas empresas e incorporado a descrições de cargos que mostram listas imensas de habilidades exigidas.

Também está embutido nas matrículas das universidades americanas, que exigem dezenas de atividades extracurriculares.

A novidade é que hoje, época em que opções e expectativas se ampliaram de forma significativa, esse mito é ainda mais prejudicial. O resultado é gente estressada que tenta encaixar mais atividades ainda numa vida já sobrecarregada. Isso cria ambientes corporativos em que se fala do equilíbrio entre vida pessoal e profissional, mas onde se espera que os funcionários estejam à disposição no celular 24 horas por dia, sete dias por semana. E leva a reuniões onde se discutem até 10 "prioridades máximas".

A palavra *prioridade* deveria significar a primeiríssima coisa, a mais importante. No século XX, pluralizamos o termo e começamos a falar em *prioridades*. De forma ilógica, raciocinamos que, mudando a palavra, conseguiríamos modificar a realidade. Daríamos um jeito de conseguir várias "primeiras" coisas. E atualmente empresas e indivíduos tentam fazer exatamente isso. Mas quando muitas tarefas são prioritárias, parece que, na verdade, nenhuma é.

Quando tentamos fazer tudo e ter tudo, nos vemos realizando concessões que nunca fariam parte de nossa estratégia intencional. Se não escolhemos conscientemente no que concentrar nosso tempo e nossa energia, os outros – chefes, colegas, clientes e até a família – escolhem por nós, e logo perdemos de vista tudo o que é significativo. Ao abrirmos mão de fazer as escolhas, permitimos que os interesses alheios controlem a nossa vida.

Certa vez, uma enfermeira australiana chamada Bronnie Ware, que cuidava de pacientes em estágio terminal, resolveu registrar os arrependimentos que mais ouvia dos doentes. No topo da lista estava: "Queria ter tido a coragem de levar uma vida significativa para mim, não a vida que os outros esperavam que eu levasse."[6]

Para conquistar isso antes que seja tarde, não basta dizer não aleatoriamente; é preciso eliminar, de forma intencional, deliberada e estratégica, o que não é essencial. Além de se livrar de desperdícios óbvios de tempo, é preciso também abrir mão de algumas oportunidades que parecem ótimas.[7] Em vez de reagir às pressões sociais que nos puxam em mil direções, devemos aprender a reduzir, simplificar e focalizar o que é essencial eliminando todo o resto.

Este livro fará pela sua vida e pela sua carreira o que um organizador profissional conseguiria fazer pelo seu armário. Pense no que aconteceria se você nunca o arrumasse. Ele ficaria organizado? As peças que você mais gosta de usar seriam as únicas penduradas nos cabides? É claro que não. Quando não há um esforço consciente de mantê-lo arrumado, o armário vira uma bagunça, cheio de roupas raramente usadas. De vez em quando a situação foge tanto ao controle que você se esforça e faz uma limpa. Mas, se não implantar um sistema com regularidade, você vai acabar com tanta roupa quanto tinha no início porque não conseguirá decidir do que vai se livrar; irá se arrepender de ter doado acidentalmente peças de que gostava e queria guardar; ou manterá uma pilha de roupas que não quer mais porém das quais nunca se livra porque não sabe direito aonde levá-las nem o que fazer com elas.

Do mesmo modo que o armário logo fica abarrotado quando se acumulam roupas que nunca usamos, nossa vida logo se enche quando os compromissos e as atividades que aceitamos na melhor das intenções vão se acumulando. Se não adotarmos um sistema para fazer uma limpa, esse excesso permanecerá ali para sempre.

Veja a seguir de que maneira o essencialista abordaria esse armário caótico:

1. EXPLORAR

Em vez de indagar "Será que vou usar isto algum dia?", faça perguntas mais exigentes e disciplinadas: "Eu *realmente* amo esta peça?", "Ela me deixa *incrível*?", "Uso isso *com frequência*?". Se a resposta for não, eis um candidato à eliminação.

Na vida pessoal ou profissional, o equivalente a separar as roupas é questionar: "Qual dessas atividades ou iniciativas oferece a maior contribuição possível para a minha meta?" A Segunda Parte deste livro vai ajudá-lo a perceber quais são essas atividades promissoras.

2. ELIMINAR

Digamos que você tenha dividido as roupas em pilhas do tipo "Manter" e "Descartar". Mas está mesmo disposto a pôr a segunda pilha numa sacola para doá-la? Estudos verificaram que tendemos a dar às coisas que possuímos um valor maior do que têm e, portanto, achamos mais difícil nos livrar delas. Para decidir, faça a pergunta decisiva: "Se eu ainda não tivesse esta peça, quanto estaria disposto a pagar por ela?" Geralmente, essa reflexão resolve.

Aproveitando o raciocínio, não basta imaginar quais atividades e iniciativas não dão a máxima contribuição possível para sua meta; ainda é preciso eliminá-las ativamente. A Terceira Parte deste livro vai lhe mostrar como se livrar do que não é essencial e, além disso, como fazê-lo de modo a inspirar respeito em seus colegas, chefes e clientes.

3. EXECUTAR

Para o armário permanecer arrumado, será preciso criar uma rotina regular. Separe uma sacola grande para os itens que for jogar fora. Informe-se a respeito da localização do bazar ou da instituição que receberá as roupas e reserve um horário na sua agenda para passar lá.

Em outras palavras, depois de verificar quais atividades e iniciativas deve manter – aquelas que lhe permitem dar seu nível máximo de contribuição –, é preciso ter um sistema que requeira o mínimo possível de trabalho para que você consiga pôr as suas intenções em prática. Com este livro, você aprenderá a criar um processo em que fazer o essencial quase não exige esforço.

É claro que a vida não é estática como as roupas no armário, que simplesmente ficam onde estão depois que as largamos lá pela manhã. Roupas novas chegam o tempo todo ao armário da vida – novas demandas ao nosso tempo. Imagine se cada vez que abrisse o armário você notasse que alguém enfiou novas peças lá dentro;

se toda vez que o esvaziasse pela manhã descobrisse, à tarde, que estava lotado de novo. Infelizmente, a vida de muita gente é assim.

Quantas vezes você começou o seu dia de trabalho com tudo planejado e, às 10 da manhã, percebeu que já estava atrasado para dar conta de tudo? Ou redigiu uma lista de afazeres pela manhã e notou, quase na hora de ir embora, que a lista tinha ficado muito maior? Quantas vezes esperou com ansiedade pelo fim de semana tranquilo em casa com a família e descobriu, no sábado de manhã, que havia uma porção de pendências para resolver, compromissos dos filhos e calamidades imprevistas? Mas há boas notícias: isso tem solução.

O essencialismo consiste em criar um sistema para cuidar do armário da vida. Não se trata de um processo que realizamos uma vez por ano, por mês ou por semana. É a disciplina que aplicamos toda vez que precisamos tomar uma decisão e devemos escolher entre dizer sim ou recusar educadamente. É um método para abrir mão de muitas coisas boas, por mais difícil que seja, e ficar com as poucas coisas extraordinárias. É aprender a fazer menos porém melhor para obter o máximo retorno possível de cada precioso momento da vida.

Este livro vai mostrar que você pode ter uma vida que faça sentido para si mesmo, não aquela que os outros esperam de você. Aqui é apresentado um método para aumentar a eficiência e a produtividade, tanto no campo pessoal quanto no profissional, e um modo sistemático de discernir o que é importante, eliminar o que não é e fazer o essencial com o mínimo de esforço. Em resumo, ensina a aplicar, em todas as áreas da vida, a busca disciplinada por menos. Veja como:

Guia do livro

Essencialismo tem quatro partes. A primeira descreve a mentalidade básica do essencialista. As outras três transformam essa mentalidade num processo sistemático de busca disciplinada por menos que pode ser usado em qualquer situação. A seguir, um resumo de cada parte:

ESSÊNCIA: QUAL É A MENTALIDADE BÁSICA DO ESSENCIALISTA?

Existem três realidades sem as quais o pensamento essencialista não seria pertinente nem possível. Há um capítulo dedicado a cada uma delas.

1. *Escolha individual: podemos escolher onde aplicar nosso tempo e nossa energia.* Se as escolhas não são feitas, não faz sentido falar em abrir mão de alguma coisa em troca de outra.

2. *A prevalência do ruído: quase tudo é ruído, pouquíssimas coisas têm valor excepcional.* Essa é a justificativa para investir tempo em descobrir o que é mais importante. Como algumas coisas são importantíssimas, vale a pena o esforço de distingui-las.

3. *A realidade de perder para ganhar: não podemos ter tudo nem fazer tudo.* Se pudéssemos, não haveria razão para avaliar e eliminar opções. Assim que aceitamos que é preciso abrir mão de algo, paramos de indagar "Como conseguir fazer com que tudo dê certo?" e passamos a fazer a pergunta mais significativa: "Que problema quero resolver?"

Somente quando compreendermos essas realidades poderemos começar a pensar como um essencialista. Na verdade, depois de aceitá-las e entendê-las completamente, boa parte do método das seções seguintes deste livro se tornará natural e instintiva. Esse método consiste em três passos simples:

1º PASSO: EXPLORAR
DISCERNIR AS MUITAS TRIVIALIDADES DO POUCO QUE É VITAL

Um paradoxo do essencialismo é que, na verdade, os essencialistas examinam mais opções do que os não essencialistas. Enquanto os não essencialistas se comprometem com tudo ou quase tudo sem examinar nada, os essencialistas exploram e avaliam sistematicamente um grande conjunto de alternativas antes de se comprometer com alguma delas. Como se concentram e "vão com tudo" em uma ideia ou atividade por vez, eles exploram deliberadamente mais possibilidades no começo para se assegurar de que escolherão a melhor depois.

Quando aplicamos critérios mais exigentes, podemos aproveitar o sofisticado mecanismo de busca do cérebro.[8] Se buscarmos apenas "uma boa oportunidade", encontraremos centenas de itens para analisar. Mas é melhor fazer uma busca avançada com três perguntas: "O que me inspira profundamente?", "Qual é o meu talento especial?" e "O que atende a uma necessidade importante do mundo?". Naturalmente, não haverá tantos itens para examinar, mas essa é a razão do exercício. Não procuramos uma infinidade de coisas boas para fazer. Queremos dar nosso nível máximo de contribuição: saber fazer a coisa certa, do jeito certo, na hora certa.

Os essencialistas passam o maior tempo possível explorando, escutando, debatendo, questionando e ponderando. Mas essa exploração não é um fim em si. Seu propósito é discernir as poucas coisas vitais das muitas triviais.

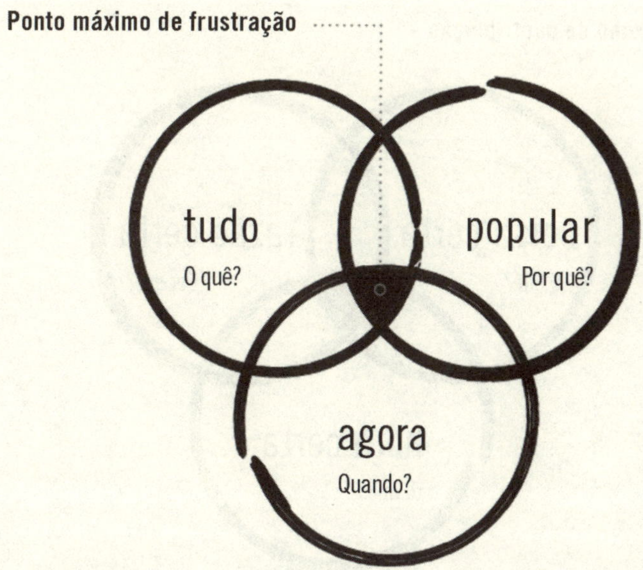

2º PASSO: ELIMINAR

EXCLUIR AS MUITAS COISAS TRIVIAIS

Muitos dizem sim porque estão ansiosos para agradar e contribuir. Mas o segredo da contribuição máxima talvez seja dizer *não*. Como explicou Peter Drucker: "As pessoas são competentes porque dizem 'não', porque dizem 'isso não é para mim'."[9]

Eliminar o que não é essencial significa dizer não a alguém, muitas vezes, e também ir contra as expectativas sociais. Para fazer isso direito é preciso coragem e delicadeza. Portanto, o essencialismo não exige apenas disciplina mental, mas a *disciplina emocional* necessária para não ceder à pressão social. Na respectiva seção do livro, abordaremos essa dinâmica difícil.

Como é preciso perder para ganhar, não podemos deixar de abrir mão de certas coisas. A verdadeira questão não é *como* fazer tudo, é *quem* escolherá o que faremos ou não. Lembre-se: quando abandonamos nosso direito de escolher, os outros escolhem por nós. Portanto, podemos escolher deliberadamente o que não fazer ou deixar que nos levem para direções que não queremos seguir.

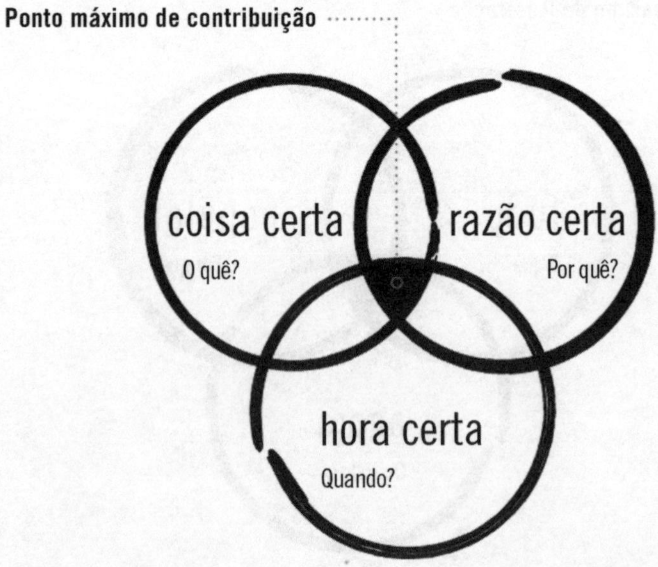

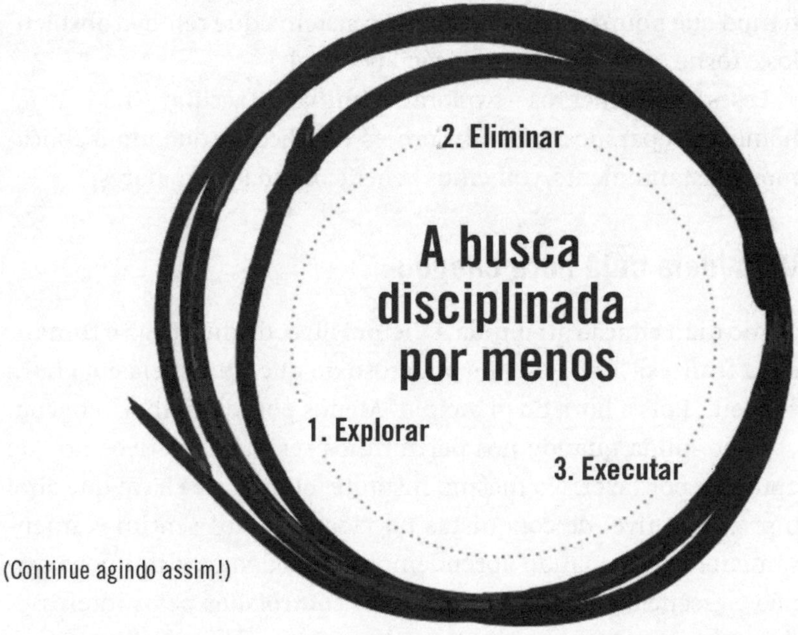

Essa seção oferece um método para eliminar o trivial e assim nos dar o tempo necessário para obter o essencial. Só então poderemos construir uma plataforma para que a execução exija o mínimo esforço possível, tema do 3º passo.

3º PASSO: EXECUTAR

REMOVER OBSTÁCULOS PARA QUE A EXECUÇÃO QUASE NÃO EXIJA ESFORÇO

Qualquer que seja a meta – terminar um projeto no trabalho, chegar à próxima etapa da carreira ou planejar a festa de aniversário do marido ou da esposa –, tendemos a pensar no processo de execução como algo difícil e cheio de atrito, algo que é preciso *forçar* para "fazer acontecer". Mas a abordagem do essencialista é diferente. Em vez de forçar a execução, os essencialistas investem o tempo que pouparam para criar um sistema que remova obstáculos e torne a execução o mais fácil possível.

Esses três elementos – explorar, eliminar e executar – não são fenômenos separados, mas um processo cíclico. E, quando o aplicamos constantemente, colhemos benefícios cada vez maiores.

Uma ideia cuja hora chegou

Como diz a citação atribuída a Victor Hugo, dramaturgo e romancista francês: "Nada é mais poderoso do que uma ideia cuja hora chegou." Pois a hora do princípio "Menos porém melhor" chegou.

Tudo muda quando nos permitimos ser mais seletivos no que optamos por fazer. No mesmo instante, obtemos a chave que abre o próximo nível de conquistas na vida. Nós nos sentimos imensamente livres quando aprendemos que podemos eliminar o que não é essencial, que não somos mais controlados pelos interesses dos outros e que temos como escolher. Com esse poder invencível, conseguimos descobrir qual é a nossa contribuição máxima, não só para a nossa própria vida ou carreira, como para o mundo.

O que aconteceria se as escolas eliminassem os deveres de casa comuns e os substituíssem por projetos importantes que fizessem diferença na comunidade? E se todos os alunos tivessem tempo para pensar na contribuição máxima que poderiam dar ao próprio futuro, de modo que, quando terminassem o ensino médio, não estivessem apenas começando a corrida para lugar nenhum?[10]

E se as empresas eliminassem as reuniões inúteis e as substituíssem por uma oportunidade para as pessoas pensarem e trabalharem nos projetos mais importantes? E se os funcionários resistissem às séries de e-mails que só desperdiçam tempo, aos projetos sem relevância e às reuniões improdutivas para se concentrarem em oferecer seu nível máximo de contribuição às empresas e à própria carreira?

E se a sociedade parasse de nos dizer para comprar mais e nos permitisse pensar e respirar mais? E se nos estimulasse a rejeitar o comportamento que nos impele a fazer o que detestamos, para comprar o que não precisamos, com dinheiro que não temos, a fim de impressionar pessoas de quem não gostamos?[11]

E se deixássemos de exaltar tanto o valor de ter mais e de menosprezar o valor de ter menos?

E se ninguém mais achasse que estar ocupado é ser importante? E se, em vez disso, comemorássemos o tempo que passamos escutando, refletindo, meditando e aproveitando a vida com as pessoas que mais importam para nós?

E se o mundo inteiro trocasse a busca indisciplinada por mais pela busca disciplinada por menos... porém melhor?

Imagino o dia em que todas as pessoas – crianças, estudantes, mães, pais, funcionários, gerentes, executivos, líderes mundiais – terão aprendido a fazer um uso melhor da inteligência, do talento, da criatividade e da iniciativa para levar uma vida com mais significado. Elas terão a coragem de assumir a verdadeira vocação.

Se é difícil conseguir a determinação necessária para seguir o caminho certo, vale a pena refletir sobre a brevidade da vida e o que queremos realizar no pouco tempo que nos resta. Como escreveu a poeta Mary Oliver: "Diga-me: o que planeja fazer com sua vida única, fantástica e preciosa?"[12]

Desafio o leitor a parar mais vezes para se fazer essa pergunta.

Desafio o leitor, aqui e agora, a se comprometer a abrir espaço para desfrutar o essencial. Acha que se arrependerá por um segundo de uma decisão dessas? Acha provável que algum dia você acorde e diga: "Gostaria de ter sido menos fiel a mim mesmo e de ter feito todas as coisas não essenciais que os outros queriam que eu fizesse"?

Este livro não está propondo a volta a alguma época mais simples. Não fala em parar de usar e-mails, nem em se desligar da internet, nem de viver como um eremita. Isso seria andar para trás. *Essencialismo* trata de aplicar o princípio "Menos porém melhor" ao modo como levamos a vida, agora e no futuro.

Assim, desafio o leitor a ser mais sábio do que fui no dia em que minha filha nasceu. Tenho muita confiança no bem que virá de uma decisão dessas. Basta imaginar o que aconteceria ao mundo se todas as pessoas eliminassem uma atividade boa mas banal e a substituíssem por algo verdadeiramente essencial.

Quando você estiver no fim da vida, talvez ainda se arrependa de algumas coisas. Mas é improvável que buscar o caminho do essencialista seja uma delas.

Se estiver disposto a se conhecer melhor e tomar agora a decisão de ser fiel aos seus maiores interesses, para não se arrepender mais tarde, então você está pronto para trilhar o caminho do essencialista.

essência

QUAL É A MENTALIDADE BÁSICA DO ESSENCIALISTA?

ESSÊNCIA

Qual é a lógica do essencialista?

O essencialismo não é um modo de fazer mais uma coisa; é um modo diferente de fazer tudo. É uma maneira de pensar. Mas internalizar isso não é simples, porque determinadas ideias – e aqueles que pregam essas ideias – nos puxam constantemente para a lógica do não essencialismo. Esta parte do livro tem três capítulos. Cada um deles ataca uma falácia do não essencialismo e a substitui por uma verdade do essencialismo.

Há três pressupostos profundamente entranhados que devemos vencer para viver como um essencialista: "Tenho que fazer", "É importantíssimo" e "Consigo fazer os dois". Como as sereias mitológicas, esses pressupostos são tão perigosos quanto sedutores. Eles nos atraem e nos afogam na água rasa.

Adotar o principal fundamento do essencialismo exige substituir esses falsos pressupostos por três premissas básicas: "Escolho fazer", "Só poucas coisas realmente importam" e "Posso fazer de tudo, mas não tudo". Essas verdades nos despertam da paralisia não essencial. Elas nos libertam para buscar o que realmente faz sentido e nos permitem viver no nível máximo de contribuição.

Quando nos livramos dos contrassensos do não essencialismo e os substituímos pela lógica do essencialismo, fica natural e instintivo se tornar um essencialista.

CAPÍTULO 2

ESCOLHER

O invencível poder da escolha

É A CAPACIDADE DE ESCOLHER QUE NOS TORNA HUMANOS.

— *Madeleine L'Engle*

Fitei de olhos arregalados o pedaço de papel que tinha na mão. Eu estava no saguão de um prédio comercial. Anoitecia, e as últimas pessoas estavam indo embora. O pedaço de papel, coberto de palavras e setas rabiscadas, era o resultado de 20 minutos de um brainstorming sobre o que eu queria fazer com a minha vida naquele momento. Enquanto olhava o papel, fiquei muito espantado com o que não havia nele: a faculdade de Direito. Isso me chamou a atenção porque eu estava no meio do meu primeiro ano de Direito na Inglaterra.

Eu me matriculara no curso por causa dos vários conselhos para "manter aberto o leque de opções". Assim que terminasse, poderia advogar, escrever sobre Direito, lecionar ou dar consultoria. O mundo estaria nas minhas mãos, ou pelo menos era esse o argumento. Mas, quase desde o primeiro momento em que comecei a estudar Direito, em vez de escolher uma dessas metas, simplesmente tentei atingir todas elas. Estudava os livros jurídicos de dia e à noite lia os grandes pensadores da Administração. Nos momentos de lazer, escrevia. Era a clássica "estratégia em cima do muro": eu procurava investir em tudo ao mesmo tempo. O resultado era que, embora não fracassasse completamente em nenhum dos objetivos, também não tinha sucesso total em nenhum. Logo comecei a me perguntar o que havia de tão bom no tal leque de opções.

No meio dessa crise existencial, um amigo dos Estados Unidos me ligou para me convidar para o casamento dele. Já tinha até comprado as passagens para mim! Então, muito grato, aceitei o convite e parti da Inglaterra para uma aventura inesperada.

Enquanto estava nos Estados Unidos, aproveitei todas as oportunidades para conhecer professores, escritores e outros profissionais. Um desses encontros foi com o executivo de um grupo educacional sem fins lucrativos. Quando eu estava saindo do escritório, ele disse: "Caso decida ficar nos Estados Unidos, você poderia trabalhar conosco num comitê consultivo."

Esse comentário casual me deixou encucado. Não foi com o convite em si, mas com o pressuposto de que eu tinha escolha: "*Caso* decida ficar..." Ele via aquilo como uma opção real. E me fez pensar.

Saí da sala dele e peguei o elevador para descer. No saguão, me sentei e tentei responder à pergunta: "Se eu só pudesse fazer uma única coisa com a minha vida agora, o que seria?"

O resultado foi o pedaço de papel no qual "faculdade de Direito", como já disse, não estava escrito.

Até aquele momento, eu sempre soubera logicamente que podia escolher não estudar Direito. Mas *emocionalmente* essa opção nunca existira. Foi quando percebi que, ao sacrificar o meu poder de escolha, eu *fizera* uma escolha – e das más. Ao me recusar a "não cursar Direito", eu escolhera cursá-lo – não porque quisesse estar lá de forma real e ativa, mas por omissão. Acho que foi aí que percebi pela primeira vez que, quando abdicamos da nossa capacidade de escolher, algo ou alguém toma a frente e escolhe por nós.

Algumas semanas depois, larguei oficialmente a faculdade. Deixei a Inglaterra e me mudei para os Estados Unidos para começar a tentar me tornar escritor e professor. Você está lendo isto agora por causa dessa escolha.

Essa escolha específica teve um enorme impacto sobre a trajetória da minha vida, mas valorizo ainda mais o modo como mudou a minha opinião sobre as escolhas. Costumamos pensar que a escolha é uma coisa, mas na verdade é uma *ação*. Não se trata apenas de algo que possuímos, mas de algo que fazemos. Essa experiência me levou à compreensão libertadora de que, embora nem sempre tenhamos controle sobre as opções, sempre temos controle sobre qual delas escolhemos.

Você já se sentiu empacado, estagnado, por acreditar que, na verdade, não tinha escolha? Já sofreu a tensão de ter ao mesmo tempo duas crenças contraditórias, "Não posso fazer isso" e "Tenho que fazer isso"? Já cedeu pouco a pouco seu poder de escolha até se permitir andar às cegas num caminho determinado por outra pessoa?

Se já passou por isso, você não está sozinho.

O poder invencível de escolher ter escolha

Há muito tempo temos superestimado o aspecto externo das escolhas (as opções) e subestimado a capacidade interna de escolher (as ações). Isso vai além da semântica. Pense assim: podem nos tirar as opções (coisas), mas não a capacidade básica de escolher (livre-arbítrio).

A capacidade de escolher não pode ser dada nem tirada; só pode ser esquecida.

Como esquecemos a capacidade de escolher?

Uma reflexão importante sobre como e por que esquecemos a capacidade de escolher foi levantada pela obra clássica de Martin Seligman e Steven Maier, que descobriram a chamada "impotência aprendida" quando faziam experiências com cães da raça pastor-alemão.

Os dois psicólogos dividiram os cães em três grupos. Os do primeiro grupo foram presos em coleiras e receberam choques elétricos, mas podiam apertar uma alavanca para interromper os choques. Os do segundo grupo foram colocados numa coleira idêntica, com a mesma alavanca e o mesmo choque, mas havia um problema: a alavanca não funcionava, e o cão ficava impotente para acabar com o choque elétrico. O terceiro grupo simplesmente ficou preso na coleira mas não recebeu choques.[1]

Depois, cada cão foi colocado num grande cercado com uma divisória baixa no meio. Um lado do cercado dava choques, o outro não. Então aconteceu algo interessante. Os cães que, na primeira parte da experiência, conseguiram interromper os choques ou não tinham levado choque nenhum logo aprenderam a pular a divisória e ir para o lado sem choques. Mas o mesmo não aconteceu com os cães que ficaram desamparados na primeira parte da experiência. Esses não se adaptaram nem se ajustaram. Nada fizeram para evitar os choques. Isso porque não sabiam que havia uma opção que não fosse levar choques. Tinham aprendido a impotência.

Há indícios de que os seres humanos aprendem essa impotência mais ou menos da mesma maneira. Um exemplo que tenho visto é a criança que logo cedo tem dificuldades em matemática. Ela tenta várias vezes, mas nunca melhora e acaba desistindo. Acredita que nada que fizer irá adiantar.

Observei a impotência aprendida em muitas empresas para que trabalhei. Quando acreditam que não adianta se esforçar no trabalho, as pessoas tendem a reagir de duas maneiras. Às vezes desistem e param de tentar, como a criança com dificuldades em matemática.

A outra reação é menos óbvia: elas fazem o oposto. Ficam hiperativas. Aceitam todas as oportunidades apresentadas, atiram-se a cada tarefa que surge e atacam todos os desafios com entusiasmo, tentando dar conta de tudo. À primeira vista, esse comportamento não parece necessariamente impotência aprendida. Afinal de contas, o trabalho árduo não é uma prova da crença de alguém no próprio valor e na própria importância? Num exame mais atento,

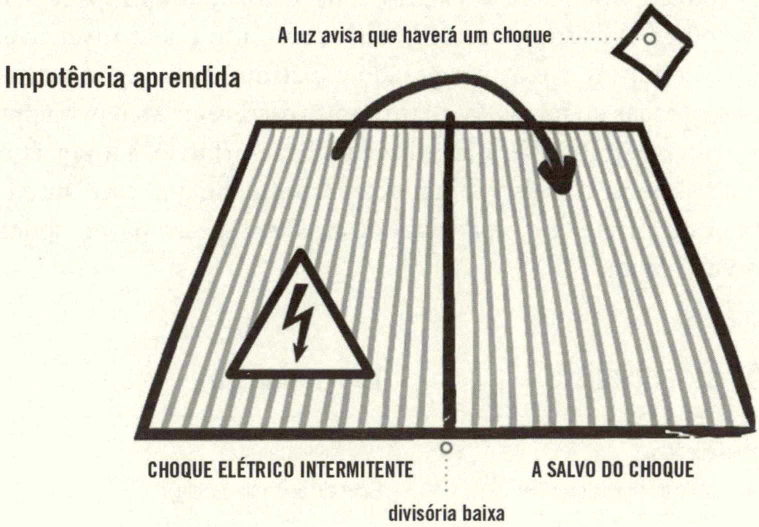

porém, vemos que essa compulsão por fazer mais é uma cortina de fumaça. Essas pessoas não acreditam que tenham escolha no caso das oportunidades, das tarefas ou dos desafios a aceitar. Acreditam que "têm que fazer tudo".

Sou o primeiro a admitir que escolher é difícil. Por definição, para realizar uma escolha é preciso dizer não a alguma ou a várias coisas, e isso parece acarretar uma perda. Fora do local de trabalho, isso talvez seja ainda mais difícil. A qualquer momento em que entramos numa loja, num restaurante ou em qualquer lugar que venda alguma coisa, tudo é projetado para dificultar o "não". Quando ouvimos os argumentos dos políticos, o objetivo deles é tornar impensável para nós não votar neles. Quando a mãe ou a sogra telefona e pede um favor, pode ser dificílimo sentir que realmente temos opção. Se olharmos a vida cotidiana com essas lentes não essencialistas, o fato de esquecermos nossa capacidade de escolher não surpreende nem um pouco.

Mas a escolha está no próprio âmago do que significa ser um essencialista.

Tornar-se essencialista exige a conscientização da capacidade de escolher. Precisamos reconhecê-la como um poder invencível dentro de nós, que existe separado e distinto de todas as outras coisas, pessoas ou forças. William James escreveu: "Meu primeiro ato de livre-arbítrio será acreditar no livre-arbítrio."[2] É por isso que a primeira e mais fundamental habilidade que você aprenderá nesta jornada é a capacidade de *escolher* ter escolha, em todas as áreas da vida.

Não essencialista	**Essencialista**
"Tenho que fazer."	"Escolho fazer."
Abre mão do direito de escolher	Exerce o poder de escolher

Quando esquecemos que temos livre-arbítrio, aprendemos a impotência. Pouco a pouco, permitimos que nosso poder nos seja tirado até nos tornarmos um elemento da escolha dos outros – ou até de nossas escolhas passadas. Em troca, cedemos o poder de escolher. Esse é o caminho do não essencialista.

O essencialista, além de reconhecer, celebra o poder da escolha. Ele sabe que, quando abrimos mão do nosso livre-arbítrio, damos aos outros não só o poder como também a permissão explícita de escolher por nós.

CAPÍTULO 3

DISCERNIR

A desimportância de quase tudo

A MAIOR PARTE DO QUE EXISTE NO UNIVERSO – NOSSAS AÇÕES E TODOS OS OUTROS RECURSOS, FORÇAS E IDEIAS – TEM POUCO VALOR E PRODUZ POUCO RESULTADO; POR OUTRO LADO, ALGUMAS POUCAS COISAS FUNCIONAM FANTASTICAMENTE BEM E TÊM UM IMPACTO IMENSO.

— *Richard Koch*

Em *A revolução dos bichos*, o clássico romance alegórico de George Orwell, somos apresentados ao cavalo Lutador. Ele é descrito como forte e confiável. Sua reação a cada revés e problema é: "Eu vou trabalhar mais." Ele vive fiel à sua filosofia mesmo sob as piores circunstâncias, até que, exausto e alquebrado, é mandado para o matadouro. É um personagem trágico: apesar das melhores intenções, na verdade seu esforço sempre crescente exacerba a desigualdade e os problemas da fazenda.

Será que não somos um pouco como Lutador? Será que as dificuldades só fortalecem nossa decisão de trabalhar por mais tempo com mais intensidade? Será que reagimos a todo desafio com "Sim, posso fazer isso também"? Afinal, aprendemos desde pequenos que o trabalho intenso é o segredo do bom resultado, e muitos já foram bem recompensados pela produtividade e por serem a pessoa com quem sempre se pode contar para resolver problemas. Mas, no caso de indivíduos capazes que já trabalham muito, haverá limites ao valor do trabalho árduo? Haverá um ponto em que fazer mais não signifique aumentar a produtividade? Haverá um ponto em que fazer *menos* (mas pensar mais) produza na verdade um resultado melhor?

Lembro que, quando menino, eu quis ganhar uns trocados e sabia que um dos poucos empregos disponíveis para crianças de 12 anos na Inglaterra era entregar jornais. Pagava-se cerca de uma libra por dia e a carga horária era de uma hora. Assim, por um tempo, todas as manhãs antes da escola eu passava uma hora arrastando de porta em porta uma bolsa que parecia mais pesada do que eu. Era um dinheiro suado, sem dúvida.

O esforço considerável que eu precisava fazer só para ganhar aquela única libra por dia mudou para sempre meu modo de pensar sobre o custo das coisas que eu desejava. A partir de então, quando via algo que queria comprar, eu a convertia no número de dias em que teria que entregar jornais para obter o dinheiro. Uma libra de recompensa era igual a uma hora de esforço. Percebi que, naquele ritmo, eu levaria um bom tempo para economizar e comprar os carrinhos que queria.

Então, quando comecei a pensar em meios de acelerar o processo, tive a ideia de lavar o carro dos vizinhos nas manhãs de sábado em vez de entregar jornais. Poderia cobrar duas libras por carro e conseguiria lavar três carros por hora. De repente, a razão entre horas e libras passou de 1:1 para 1:6. Eu acabara de aprender uma lição importantíssima: certos tipos de esforço geram recompensas maiores do que outros.

Anos depois, na universidade, fui trabalhar numa empresa de treinamento profissional. Ganhava 9 dólares por hora no atendimento ao cliente. Seria fácil pensar no emprego em termos daquela razão entre tempo e recompensa. Mas eu sabia que o que realmente contava era a relação entre tempo e *resultado*.

Então me perguntei qual seria o resultado mais valioso que poderia obter naquele emprego, e concluí que era reconquistar clientes que queriam cancelar o serviço. Logo me dediquei a convencê-los a manter os contratos e em pouco tempo cheguei a uma taxa zero de cancelamentos. Como eu era pago por cliente mantido, aprendi mais, ganhei mais e contribuí mais.

Sem dúvida, o trabalho árduo é importante. Porém, mais esforço não gera necessariamente mais resultado. "Menos porém melhor", sim.

Ferran Adrià, considerado um dos melhores chefs do planeta, levou o restaurante El Bulli a se tornar mundialmente famoso e exemplifica o princípio "menos porém melhor" de pelo menos duas maneiras. Em primeiro lugar, sua especialidade é reduzir os pratos tradicionais à sua essência absoluta e depois recriá-los de um jeito surpreendente. Em segundo lugar, embora receba cerca de 2 milhões de pedidos de reserva por ano, o El Bulli atende a apenas 50 pessoas por noite e fecha durante seis meses por ano. Na verdade, enquanto eu escrevia este livro, Ferran parou totalmente de servir comida e transformou seu restaurante num laboratório para continuar se dedicando em tempo integral apenas à essência de sua arte.[1]

Acostumar-se à ideia de "menos porém melhor" pode ser mais difícil do que parece, principalmente quando no passado fomos recompensados por fazer mais... e mais e mais. No entanto, em determinado momento, mais esforço provoca uma estagnação em nosso progresso. Certamente a ideia de uma correlação direta entre resultado e esforço é atraente. Parece justa. No entanto, as pesquisas mostram um quadro bem diferente em muitas áreas.

A maioria já ouviu falar do princípio de Pareto ou princípio 80/20. Essa ideia foi apresentada no fim da década de 1890 por Vilfredo Pareto, que determinou que 20% do nosso esforço produz 80% dos resultados. Muito depois, em 1951, no livro *Controle da qualidade*, Joseph Moses Juran, um dos pais do movimento da qualidade total, expandiu essa ideia e a chamou de "Lei das Poucas Coisas Vitais".[2] Ele observou que é possível melhorar imensamente a qualidade de um produto resolvendo uma fração minúscula dos problemas. E encontrou um público disposto a testar essa ideia no Japão, que na época tinha a má fama de produzir mercadorias de preço baixo e pouca qualidade. Por meio da adoção de um processo em que uma percentagem elevada do esforço e da atenção era canalizada para melhorar apenas os aspectos realmente fundamentais, ele deu um significado totalmente novo à expressão "*made in Japan*". Aos poucos, a revolução da qualidade provocou a ascensão do Japão a potência econômica global.[3]

A distinção entre as "muitas coisas triviais" e as "poucas vitais" pode ser aplicada a todo tipo de realização humana, pequena ou grande, o que foi feito de forma categórica por Richard Koch, autor de vários livros sobre a aplicação do princípio de Pareto (o princípio 80/20) à vida cotidiana.[4] Na verdade, há exemplos por toda parte.

Vejamos o caso de Warren Buffett, que afirmou: "Nossa filosofia de investimento se aproxima da letargia",[5] ou seja, ele e sua empresa fazem relativamente poucos investimentos e os mantêm por muito tempo. Em *O Tao de Warren Buffett*, Mary Buffett e David Clark explicam:

> Warren percebeu no início da carreira que seria impossível tomar centenas de decisões de investimentos corretas, de modo que resolveu investir somente nas empresas sobre as quais tivesse segurança absoluta e depois apostou pesado nelas. Ele deve 90% da riqueza que possui a apenas 10 empresas. Às vezes, o que você não faz é tão importante quanto o que você faz.[6]

Em resumo, ele aposta alto nas poucas oportunidades essenciais de investimento e diz não às muitas meramente boas.[7]

Alguns acreditam que a relação entre esforço e resultado é ainda menos linear e obedece à "lei de potência", como chamam os cientistas. De acordo com essa lei, alguns esforços produzem exponencialmente mais resultados do que outros. Um bom exemplo foi dado por Nathan Myhrvold, ex-diretor de tecnologia da Microsoft: "Os melhores desenvolvedores de software não são 10, 100 ou 1.000 vezes mais produtivos que os desenvolvedores médios, mas 10.000 vezes."[8] Talvez seja exagero, mas ainda assim deixa claro que alguns esforços produzem resultados exponencialmente melhores que outros.

A realidade avassaladora é: vivemos num mundo onde quase tudo não vale nada e pouquíssimas coisas têm um valor excepcional. Como escreveu John Maxwell, "Não é possível superestimar a desimportância de quase tudo".[9]

Quando desaprendemos a lógica 1:1, começamos a ver o valor de adotar a filosofia do essencialista. Descobrimos que até as muitas oportunidades boas que buscamos costumam ser muito menos valiosas do que as poucas realmente fantásticas. Depois de entender isso, passamos a examinar o ambiente com novos olhos, indo atrás das poucas coisas vitais e eliminando com entusiasmo as muitas triviais. Só então adquirimos o hábito de dizer não às oportunidades razoáveis e sim às verdadeiramente incríveis.

É por isso que o essencialista demora para explorar todas as opções. O investimento a mais se justifica porque algumas coisas são tão mais importantes que compensam 10 vezes o esforço investido para encontrá-las. Em outras palavras, o essencialista avalia mais para fazer menos.

O não
essencialista
acha que
quase tudo
é essencial.

O
essencialista
acha que
quase tudo
é não essencial.

Não essencialista	Essencialista
Acha que quase tudo é essencial	Acha que quase tudo é *não* essencial
Vê as oportunidades como praticamente iguais	Distingue as poucas oportunidades vitais das muitas triviais

Muita gente capaz é impedida de chegar a um nível mais alto de contribuição porque não consegue abandonar a crença de que tudo é importante. Mas o essencialista sabe a diferença entre o que realmente tem valor e o resto. Para praticar essa habilidade essencialista, podemos começar num nível simples e, assim que ela se tornar uma segunda natureza nas decisões cotidianas, saberemos aplicá-la a áreas maiores e mais amplas da vida pessoal e profissional. Dominá-la por completo exigirá uma mudança imensa do modo de pensar. Mas é algo que pode ser feito.

Capítulo 4

PERDER PARA GANHAR

Que problema eu quero?

Estratégia é fazer escolhas, é abrir mão.
É escolher deliberadamente ser diferente.
— *Michael Porter*

Imagine que você pudesse voltar a 1972 e investir 1 dólar em cada uma das 500 maiores empresas na classificação da agência Standard & Poor's. Em 2002, que empresa teria gerado o maior lucro para o investimento? A GE? A IBM? A Intel? De acordo com a revista *Money* e a análise iniciada com base na Ned Davis Research, a resposta é: nenhuma das anteriores.[1]

A empresa mais lucrativa foi a Southwest Airlines. Isso é surpreendente, porque sabe-se que as linhas aéreas não geram muito lucro. No entanto, ano após ano a Southwest, comandada por Herb Kelleher, produziu constantemente resultados financeiros admiráveis. A abordagem essencialista dos negócios está no centro da explicação.

Certa vez compareci a um evento em que Herb foi entrevistado sobre a sua estratégia de negócios.[2] Quando ele começou a falar de como agia de forma resoluta na hora de abrir mão de alguma coisa na Southwest, meus ouvidos se aguçaram. Em vez de disponibilizar trajetos para todos os destinos, ele escolheu deliberadamente só oferecer poucos voos diretos. Para não aumentar o preço da passagem a fim de cobrir o custo das refeições, decidiu não oferecer comida. Em lugar de permitir que os passageiros reservassem os assentos com antecedência, determinou que seriam escolhidos quando entrassem no avião. E não quis vender passagens caras com serviço de primeira classe, oferecendo apenas a classe econômica.

A empresa resolveu abrir mão de tudo isso não por omissão, mas de propósito. A perda de cada um desses itens fez parte de uma estratégia pensada para baixar os custos. Ele correu o risco de perder clientes que queriam uma variedade maior de destinos, a opção de comprar refeições caras, etc.? Sim, mas Kelleher tinha total clareza do que a empresa era – uma companhia aérea de baixo custo – e não era. E suas concessões refletiram isso.

Ele mesmo explicou como funciona seu pensamento essencialista: "É preciso examinar cada oportunidade e dizer: 'Acho que não. Sinto muito. Não vamos fazer mil coisas diferentes que na verdade não contribuirão muito para o resultado que queremos.'"

A princípio, a Southwest foi criticada por analistas do mercado, adversários e outros não essencialistas que não conseguiam acreditar que essa abordagem pudesse ser bem-sucedida. Quem, em seu perfeito juízo, escolheria uma empresa aérea que só ia a determinados lugares e não servia refeições, por mais baratas que fossem as passagens? Mas dali a alguns anos ficou claro que a Southwest estava no caminho certo.

Os concorrentes do setor notaram a disparada do lucro da Southwest e começaram a imitá-la. Mas, em vez de adotar a abordagem essencialista de Kelleher como um todo, fizeram o que o professor Michael Porter, da Harvard Business School, chama de "estratégia em cima do muro": mantiveram intacta a estratégia existente e, ao mesmo tempo, adotaram a estratégia do concorrente. Na época, uma das tentativas mais visíveis foi a da Continental Airlines. Eles chamaram seu novo serviço de voos diretos de Continental Lite.

A Continental Lite adotou algumas práticas da Southwest: baixou o preço das passagens, acabou com as refeições, deixou de oferecer primeira classe e aumentou a frequência dos voos. O problema foi que, como ainda se agarrava ao modelo de negócios existente (a Continental Lite respondia apenas por um pequeno percentual dos voos oferecidos pela empresa), não havia eficiência operacional que permitisse que fossem oferecidos preços competitivos. Assim, a empresa foi forçada a economizar de um modo que acabou comprometendo a qualidade do serviço.

Enquanto a Southwest, consciente e deliberadamente, abriu mão de certas coisas em áreas estratégicas importantes, a Continental se viu obrigada a fazer pequenos sacrifícios que não obedeciam a uma estratégia coerente. De acordo com Porter, "Uma posição estratégica só é sustentável caso se abra mão de outras posições".[3] Ao tentar manter duas estratégias incompatíveis, a empresa foi reduzindo sua capacidade de ser competitiva.

A estratégia em cima do muro saiu caríssima para a Continental. Ela perdeu centenas de milhões de dólares em voos atrasados, e, de acordo com Porter, "os voos atrasados e os cancelamentos geraram um índice de mil reclamações por dia". O presidente acabou demitido. Moral da história: *ignorar a realidade das concessões deliberadas é uma estratégia terrível para as empresas.* Acontece que também é uma estratégia terrível para as pessoas.

Você já conviveu com alguém que está sempre tentando encaixar só mais uma coisinha nas 24 horas do dia? Pessoas assim sabem que têm 10 minutos para chegar a uma reunião, mas ainda se sentam para responder alguns e-mails antes de sair. Ou concordam em entregar um relatório na sexta-feira, embora outro prazo importante se encerre no mesmo dia. Ou talvez prometam dar uma passadinha na festa de aniversário do primo sábado à noite, embora já tenham comprado ingresso para um show que começa exatamente na mesma hora. Sua lógica, que ignora a realidade de que para ganhar é preciso perder, é: *dá para fazer as duas coisas.* O problema mais importante é que essa lógica é falsa. Inevitavelmente, eles chegam atrasados à reunião, perdem um ou ambos os prazos (ou entregam dois projetos malfeitos) e ou não vão à festa do primo ou perdem o show. A realidade é que, por definição, dizer sim a uma oportunidade exige dizer não a várias outras.

Até que aceitemos essa realidade de perder algumas coisas para ganhar outras, seja na vida pessoal, seja na profissional, estaremos condenados ao mesmo destino da Continental: ficar presos numa "estratégia em cima do muro" que nos força a fazer por omissão pequenos sacrifícios que talvez não fizéssemos de caso pensado.

Num artigo para o *The New York Times*, Erin Callan, ex-diretora financeira do banco de investimentos Lehman Brothers, contou o que sacrificou por abrir mão de coisas por omissão. Ela escreveu:

> Não comecei com a meta de me dedicar inteiramente ao emprego. Isso foi se insinuando com o tempo. A cada ano que passava, pequenas modificações se tornavam a nova regra. De início, eu gastava meia hora no domingo organizando os e-mails, a lista de afazeres e a agenda para facilitar a manhã de segunda-feira. Então passei a trabalhar algumas horas no domingo, depois o dia inteiro. Meus limites foram se desfazendo até que só restou trabalho.[4]

A história dela demonstra uma verdade importantíssima: podemos assumir a responsabilidade por fazer as escolhas difíceis ou permitir que outros – nossos colegas, o chefe, os clientes – decidam por nós.

No meu trabalho, já notei que os altos executivos são os que têm mais dificuldades na hora de aceitar a realidade de que é preciso perder para ganhar. Recentemente, passei algum tempo com o CEO de uma empresa do Vale do Silício avaliada em 40 bilhões de dólares. Ele me mostrou a declaração de valores da empresa, que acabara de redigir e planejava anunciar a toda a companhia: "Damos valor a paixão, inovação, execução e liderança."

Ora, quem não valoriza essas coisas? Isso não diz nada aos funcionários sobre o que a empresa *mais* valoriza. Não diz nada sobre as escolhas que os funcionários deveriam fazer quando esses valores estivessem em risco. O mesmo acontece quando as empresas afirmam que sua missão é servir igualmente a todos os interessados ou *stakeholders* – clientes, funcionários, acionistas. Dizer que valorizam do mesmo modo todos aqueles com quem a empresa interage deixa os administradores sem nenhuma orientação clara sobre o que fazer quando houver necessidade de realizar certas escolhas em detrimento de outras que envolvam essas pessoas.

Compare isso com o modo como a Johnson & Johnson se recuperou do escândalo trágico do Tylenol envenenado com cianureto em 1982.[5] Na época, a empresa detinha 37% do mercado, e o Tylenol era seu produto mais lucrativo. Então surgiram notícias de que sete pessoas tinham morrido depois de tomar o remédio. Mais tarde se descobriu que os frascos tinham sido violados. Como a Johnson & Johnson deveria reagir?

Era uma questão complicada. A principal responsabilidade da empresa seria garantir a segurança dos clientes com a retirada imediata de todos os produtos Tylenol das prateleiras das drogarias? Usar a assessoria de imprensa para controlar os danos e evitar que os acionistas perdessem dinheiro? Ou seu dever seria, em primeiríssimo lugar, consolar e indenizar as famílias das vítimas?

Ainda bem que eles tinham o Credo: uma declaração escrita em 1943 pelo então presidente Robert Wood Johnson, literalmente gravada em pedra na sede da empresa.[6] Diferentemente da maioria das declarações de missão, o Credo de fato lista os elementos principais da empresa em ordem de prioridade: os clientes vêm em primeiro lugar; os acionistas, em último.

Em consequência, a Johnson & Johnson decidiu rapidamente recolher todos os frascos de Tylenol, embora o impacto fosse imenso sobre o lucro da empresa (uma perda de cerca de 100 milhões de dólares, segundo algumas notícias). A segurança dos consumidores ou 100 milhões de dólares? Não foi uma decisão fácil. Mas o Credo ofereceu uma noção clara do que era mais essencial. Permitiu que a empresa perdesse o que era preciso para ganhar o verdadeiramente importante.

Certa vez trabalhei com uma equipe de executivos que precisavam de ajuda na priorização. Eles se esforçavam para identificar os cinco principais projetos que o departamento de informática deveria terminar no ano seguinte, e uma das gerentes tinha muita dificuldade. Ela insistia em qualificar 18 projetos como "prioridade máxima". Pedi que escolhesse só cinco, então ela levou a lista de volta à equipe e, duas semanas depois, me mostrou a nova versão – tinha apenas um projeto a menos! Como se recusou a perder mais do que isso, ela acabou distribuindo por 17 projetos o tempo necessário para cinco. Não surpreende que não tenha obtido o resultado que queria. Sua lógica de "Podemos fazer tudo" não tinha como dar certo.

É fácil perceber por que é tão tentador negar a realidade das trocas e concessões. Afinal de contas, por definição uma situação dessas envolve duas coisas que queremos. Ganhar mais ou ter mais tempo de férias? Terminar o próximo e-mail ou chegar pontualmente à reunião? Queremos fazer mais rápido ou melhor? É óbvio que, quando temos que escolher entre duas coisas que queremos, preferimos optar por ambas. No entanto, por mais que muita gente queira, simplesmente não dá para ter tudo.

O não essencialista aborda cada dilema desses se perguntando: "Como fazer ambos?" Os essencialistas fazem a pergunta mais difícil, mas em última análise mais libertadora: "Que problema eu quero?" Ele busca deliberadamente perder para ganhar. Age por si em vez de esperar que ajam por ele.

Certa vez Jim Collins, autor do clássico de administração *Empresas feitas para vencer*, ouviu de Peter Drucker que era possível desenvolver uma grande empresa ou desenvolver grandes ideias, mas não ambas ao mesmo tempo. Jim escolheu as ideias. Em consequência dessa opção de perder para ganhar, sua empresa só tem três funcionários em horário integral, mas suas ideias chegaram a dezenas de milhões de pessoas por meio de seus livros.[7]

Por mais dolorosas que possam ser, as soluções de concessão constituem uma oportunidade importante. Como nos obrigam a pesar as opções e selecionar estrategicamente a que for melhor para nós, aumenta de forma significativa a probabilidade de obter o resultado que queremos. Assim como fez a Southwest, podemos desfrutar o sucesso que resulta de um conjunto de escolhas coerentes.

Observei um bom exemplo dessa abordagem numa viagem recente a Boston. Ainda no avião, comecei a conversar com um casal que visitaria o filho em Harvard. Estavam visivelmente orgulhosos porque o filho estudava lá, e fiquei curioso com a estratégia usada pelos pais e pelo rapaz para que fosse aceito lá. Eles disseram: "Nós o fizemos experimentar várias coisas, mas assim que ficava claro que aquela atividade não extraía *o máximo* de seu potencial, conversávamos e o tirávamos dela." Esses pais essencialistas tinham decidido de maneira deliberada que a meta era ter o filho em Harvard e entenderam que esse sucesso exigia concessões estratégicas que o fizessem se destacar no que era realmente bom.

Essa lógica também se aplica à nossa vida pessoal. Quando éramos recém-casados, Anna e eu conhecemos alguém que, até onde sabíamos, tinha um casamento e uma família maravilhosos. Queríamos aprender com ele e lhe perguntamos: "Qual é o seu segredo?" Uma das coisas que nos contou foi que ele e a esposa tinham decidido não participar de nenhum clube ou grupo só de adultos. Eles simplesmente abriram mão disso para passar mais tempo com os filhos.

Os essencialistas veem as soluções de concessão como parte inerente da vida, não como algo negativo. Em vez de indagar "Do que tenho que abrir mão?", perguntam "Em que quero investir tudo?". O impacto cumulativo dessa pequena mudança de ponto de vista pode ser profundo.

Não essencialista	Essencialista
Pensa: "Posso fazer os dois."	Pergunta: "O que posso ceder para ganhar na troca?"
Pergunta: "Como fazer tudo?"	Pergunta: "Em que quero investir tudo?"

Para viver como essencialista não é preciso escolher entre família, saúde e trabalho. O que estou dizendo é que, diante de uma decisão em que uma opção prioriza a família e outra, os amigos, a saúde ou o trabalho, precisamos estar dispostos a perguntar: "Que problema queremos?"

As soluções em que perdemos uma coisa para ganhar outra maior não devem ser ignoradas nem menosprezadas. Devem ser adotadas e realizadas de forma ponderada, deliberada e estratégica.

explorar

Como discernir as muitas trivialidades do pouco que é vital?

EXPLORAR

Discernir as poucas coisas vitais das muitas triviais

Um paradoxo do essencialismo é que, na verdade, os essencialistas examinam mais opções do que os não essencialistas. Estes se empolgam com praticamente tudo e, portanto, reagem a tudo. Mas por estarem tão ocupados correndo atrás de todas as ideias e oportunidades, na verdade exploram menos. Por outro lado, o caminho do essencialista é explorar e avaliar um grande conjunto de opções antes de se comprometer com alguma delas. E como só se comprometem com poucas ideias ou atividades fundamentais e dão tudo de si a elas, os essencialistas exploram mais opções no início para se assegurar de escolher a melhor depois.

Na Segunda Parte, discutiremos cinco práticas para explorar o que é essencial. A atração gravitacional dos não essencialistas pode ser tão forte que talvez seja tentador dar apenas uma lida rápida nesta seção. Mas ela é fundamental para a busca disciplinada por menos. Para discernir o que é verdadeiramente vital, precisamos de espaço para pensar, tempo para examinar e escutar, permissão para brincar, sabedoria para dormir e disciplina para aplicar critérios seletivos às escolhas que fazemos.

Ironicamente, esses aspectos – ter espaço, examinar, escutar, brincar, dormir e selecionar – podem ser considerados distrações triviais na cultura não essencialista. Na melhor das hipóteses, são tidos como agradáveis. Na pior, são ridicularizados como prova de fraqueza e desperdício. Todos conhecemos pessoas extremamente ambiciosas e produtivas que pensam: "É claro que eu adoraria reservar um horário na agenda só para pensar, mas não posso me dar a esse luxo agora." Ou: "Brincar? Quem tem tempo para isso? Estamos aqui para trabalhar!" Ou, como um líder me disse num processo de treinamento: "Espero que a sua noite de sono tenha sido boa. Depois que começar aqui você não terá muitas assim."

Se você acredita que viver sobrecarregado é prova de produtividade, é provável que ache que o espaço para explorar, pensar e refletir deva ser mínimo. Mas essas mesmas atividades são o antídoto para o excesso de ocupação não essencial que contamina tanta gente. Em vez de distrações triviais, elas são importantes para distinguir o que é realmente essencial daquilo que, na verdade, é uma distração trivial.

Os essencialistas passam o maior tempo possível explorando, escutando, debatendo, questionando e pensando. Mas essa exploração não é um fim em si. Seu propósito é discernir as poucas coisas vitais das muitas triviais.

CAPÍTULO 5

ESCAPAR

Os benefícios de estar indisponível

SEM GRANDE SOLIDÃO, NENHUM TRABALHO SÉRIO É POSSÍVEL.

— Pablo Picasso

Frank O'Brien é o fundador da Conversations, uma empresa de marketing de Nova York que constou da lista das 500 Empresas Privadas que mais Crescem nos Estados Unidos, elaborada pela revista *Inc*. Em resposta ao ritmo frenético dos locais de trabalho de hoje em dia, ele adotou uma prática radical.

Uma vez por mês, Frank reúne todos os 50 funcionários de sua empresa em uma sala durante o dia inteiro. Os telefones são proibidos. E-mails, ilegais. Não há pauta. O propósito da reunião é simplesmente escapar para pensar e conversar. Veja bem, ele não faz essa reunião numa sexta-feira do meio do mês, quando a produtividade pode estar baixa. A reunião acontece toda primeira segunda-feira do mês. A prática também não é apenas uma disciplina interna: até os clientes sabem que não adianta esperar que sejam atendidos durante essa "Segunda-feira sem ligações".[1]

Ele faz isso porque sabe que seu pessoal não conseguirá descobrir o que é essencial se estiver o tempo todo focado no trabalho. É preciso espaço para descobrir o que realmente importa. Ele escreveu: "Acho fundamental reservar um tempo para respirar, olhar em volta e pensar. Esse nível de clareza se faz necessário para inovar e crescer." Além disso, ele usa a reunião como indicador para saber se os funcionários estão passando tempo demais com coisas não essenciais. "Se alguém não pode ir à reunião porque está muito ocupado, isso me revela que estamos trabalhando com ineficiência ou que precisamos contratar mais gente."

Infelizmente, nesta época de tempo escasso, não conseguimos fazer essa pausa para refletir e discernir por omissão, só de propósito. Um líder com quem trabalhei admitiu ter passado cinco anos além do necessário numa empresa. Isso porque vivia tão ocupado que não fazia uma pausa para decidir se deveria *estar* lá. As exigências cotidianas o impediam de realmente se afastar para olhar de longe, visualizando um panorama mais amplo.

Do mesmo modo, um diretor importante de uma grande empresa global de tecnologia me disse que passa 35 horas por semana em reuniões. E fica tão consumido por elas que não encontra sequer uma horinha por mês para traçar estratégias para sua carreira, muito menos para levar a empresa a um novo patamar. Em vez de se dar espaço para conversar e discutir o que está acontecendo e precisa acontecer, ele desperdiça o tempo com apresentações intermináveis e conversas enfadonhas em que nada é de fato decidido.

Antes de avaliar o que é essencial ou não, é preciso explorar as opções. Enquanto os não essencialistas reagem automaticamente à última ideia, agarram a última oportunidade e respondem ao último e-mail, os essencialistas preferem criar espaço para explorar e ponderar.

Não essencialista	Essencialista
Ocupado demais para pensar na vida	Cria espaço para escapar e explorar a vida

Espaço para projetar

O valor de criar espaço para explorar foi enfatizado no meu trabalho com a d.school de Stanford (oficialmente, o Instituto de Design Hasso Plattner da Universidade de Stanford). A primeira coisa que notei quando entrei na sala onde deveria dar um curso foi a falta de carteiras tradicionais. Em vez disso, havia cubos de espuma para se sentar – por sinal, bastante desconfortáveis, como logo descobri. Como quase tudo na d.school, isso é feito de propósito. Nesse caso, os cubos estão ali para que, depois de alguns minutos empoleirados com desconforto, os alunos se levantem, caminhem e interajam, e não só com os colegas sentados à direita e à esquerda. E este é o ponto importante: a escola usou o espaço físico para estimular novas maneiras de pensar e se relacionar.

Também com esse fim, foi criado um esconderijo chamado "Booth Noir" – a cabine negra. É uma salinha projetada deliberadamente para conter no máximo três pessoas. Não tem janelas, é à prova de som e, de propósito, livre de distrações. De acordo com Scott Doorley e Scott Witthoft, no livro *Make Space* (Abra espaço), ela vai "além do *low-tech*. É *sem tech*". Está escondida no andar térreo e, como ressaltam Doorley e Witthoft, não fica no caminho de lugar nenhum.[2] A única razão para ir lá é pensar. Nesse espaço criado para pensar e focalizar, os alunos podem se afastar para enxergar com mais clareza.

Por alguma razão, há uma associação falsa com a palavra *foco*. Como no caso da escolha, todos tendem a pensar que foco é uma coisa. Sim, foco é algo que temos. Mas também é algo que *produzimos*.

Para *ter* foco é preciso escapar para *criar* o foco.

Quando falo de *criar foco*, não quero dizer apenas escolher uma questão ou possibilidade e pensar nela obsessivamente. Quero dizer abrir espaço para explorar uma centena de questões e possibilidades.

Numa reunião recente na d.school (em outra sala sem mesas nem carteiras, mas com quadros brancos do chão ao teto cobertos de post-its de todas as cores imagináveis), me encontrei com Jeremy Utley. Ele é meu parceiro no desenvolvimento de um novo protótipo de curso que, num momento de genialidade, Jeremy chamou de "Projetar a vida essencialmente".

O único propósito do curso é criar espaço para os alunos projetarem a própria vida. Toda semana, eles têm na agenda uma desculpa para pensar. São forçados a desligar os computadores e smartphones e acionar a potência total da mente. Realizam exercícios para aprender deliberadamente a discernir o pouco que é essencial do muito que é apenas bom. Não é preciso estar na d.school para praticar esse hábito. Todos podemos aprender a criar mais espaço em nossa vida.

Espaço para se concentrar

Um executivo amigo meu é inteligente e motivado, mas vive se distraindo. É comum encontrá-lo no Twitter, no Gmail, no Facebook e em vários bate-papos on-line ao mesmo tempo. Certa vez, na tentativa de criar um espaço sem distrações, pediu ao assistente que desconectasse o cabo de internet do seu computador. Mas mesmo assim encontrou várias maneiras de ficar on-line. Portanto, quando precisou terminar um projeto muito grande, recorreu a medidas drásticas. Deixou o celular com alguém e foi para um hotel sem acesso à internet. Depois de oito semanas de confinamento quase solitário, conseguiu concluir o trabalho.

É um tanto triste saber que esse executivo tenha sido forçado a tomar uma medida dessas. Mas, embora o método seja extremado, não posso questionar a intenção. Ele sabia que, para dar a máxima contribuição a uma tarefa, precisava criar espaço para desbloquear o pensamento.

Isaac Newton passou dois anos trabalhando no *Principia Mathematica*, o famoso livro sobre a gravitação universal e as três leis do movimento. Esse período de confinamento quase solitário foi fundamental para uma verdadeira revolução que configurou o pensamento científico dos 300 anos seguintes.

Richard S. Westfall escreveu: “Perguntaram a Newton como havia descoberto a lei da gravitação universal. ‘Pensando nela continuamente’ foi a resposta. [...] Naquilo que pensava, ele pensava continuamente, ou seja, com exclusividade ou quase.”[3] Em outras palavras, Newton criava um espaço ininterrupto para a concentração intensa, o que lhe permitiu explorar os elementos essenciais do universo.

Inspirado por Newton, usei uma abordagem semelhante, embora talvez menos radical, para escrever este livro. Agendei oito horas por dia para escrever: das 5h às 13h, cinco dias por semana. A regra básica era: sem e-mail, sem telefonemas, sem compromissos nem interrupções até as 13 horas. Nem sempre consegui, mas, no fim, a disciplina fez uma grande diferença. Configurei a resposta automática dos e-mails para dizer que eu estava em “modo monge” até terminar o livro. Ao criar espaço para explorar, pensar e escrever, além de terminar o livro mais depressa ainda obtive controle sobre como passava o resto do tempo.

Parece óbvio, mas quando foi que você reservou tempo no seu dia cheio para simplesmente se sentar e pensar? Não estou falando dos cinco minutos durante a ida para o trabalho em que você monta a lista de afazeres nem da reunião em que se distraiu refletindo sobre a abordagem de outro projeto em que está trabalhando. Estou falando de reservar de forma deliberada um período sem distrações, num lugar isolado, para não fazer absolutamente nada além de pensar.

É claro que hoje, neste mundo com excesso de estímulos, isso está mais difícil do que nunca. Outro dia, um líder me perguntou pelo Twitter: “Consegue se lembrar de como era ficar entediado? Isso não existe mais.” Ele tem razão. Alguns anos atrás, se fosse preciso esperar no aeroporto o voo atrasado ou aguardar na sala de espera do médico, o mais provável era ficarmos lá sentados, fitando o nada, cheios de tédio. Hoje, quem aguarda no aeroporto ou em salas de espera fica grudado na ferramenta tecnológica preferida. É claro que ninguém gosta de ficar entediado, mas quando abolimos toda oportunidade de nos entediar também abrimos mão do tempo que temos para pensar e processar.

Eis outro paradoxo: quanto mais rápida e assoberbada é a vida, mais precisamos encontrar tempo para pensar. E quanto mais ruidosa fica a situação, mais precisamos construir espaços silenciosos de reflexão nos quais consigamos realmente focalizar determinada questão.

Por mais ocupado que você se considere, sempre é possível arranjar tempo e espaço para pensar durante o seu dia de trabalho. Jeff Weiner, presidente-executivo do LinkedIn, por exemplo, reserva para isso até duas horas na agenda todos os dias. Ele as divide em períodos de 30 minutos. É uma prática simples desenvolvida quando as reuniões seguidas o deixavam com pouco tempo para processar o que acontecia ao seu redor.[4] A princípio, pareceu um luxo, um desperdício de tempo. Mas ele acabou descobrindo que era a sua ferramenta de produtividade mais valiosa. Ele a vê como a principal forma de assegurar o controle do seu dia, em vez de ficar à mercê dele.

Nesse espaço, Jeff consegue pensar nas questões essenciais: como estará a empresa daqui a três ou cinco anos; qual é a melhor maneira de melhorar um produto já popular ou de satisfazer alguma necessidade ainda não atendida dos clientes; como aumentar uma vantagem competitiva ou reduzir uma desvantagem. Ele também aproveita esses momentos para se recarregar emocionalmente. Isso lhe permite passar de solucionador de problemas a instrutor, o que é esperado dele como líder.

Para Jeff, criar espaço é mais do que uma prática. Ele testemunhou o efeito da busca indisciplinada por mais sobre as empresas e a vida dos executivos. Portanto, para ele isso não é um slogan nem frase da moda – é uma filosofia.

Espaço para ler

Podemos nos inspirar ainda mais com o exemplo de Bill Gates, que regularmente tira uma semana de folga de suas tarefas na Microsoft só para ler e pensar. Certa vez compareci a uma sessão de perguntas e respostas com ele na sede da Fundação Bill e Melinda Gates, em Seattle. Por acaso, ele acabara de voltar de uma dessas "Think Weeks" – as "semanas de pensar". Embora já tivesse ouvido falar dessa prática, eu não sabia que ela data da década de 1980 e que ele a manteve mesmo durante a época de maior expansão da Microsoft.[5]

Duas vezes por ano, no período mais movimentado e frenético da história da empresa, ele ainda assim criou tempo e espaço para se isolar durante uma semana e não fazer nada além de ler artigos (seu recorde são 112) e livros, estudar tecnologia e refletir sobre o contexto mais amplo. Hoje, ele continua tirando folgas das distrações diárias de administrar sua fundação para apenas pensar.

Embora uma semana inteira pareça exagerado ou impossível, há maneiras de reservar a cada dia um período para a reflexão. Uma prática que considero útil é simplesmente ler literatura clássica (não um blog, nem o jornal, nem o best-seller mais recente) durante os 20 primeiros minutos do dia. Além de sufocar minha antiga tendência de verificar os e-mails assim que acordo, isso deixa meu dia mais centrado. Também amplia meu ponto de vista e me lembra de temas e ideias essenciais o bastante para terem resistido à ação do tempo.

Minha preferência é literatura inspiradora, embora a escolha seja algo pessoal. Há muitíssimas opções. Só tenha o cuidado de selecionar algo que pareça eterno e que tenha sido escrito antes de nossa época hiperconectada. Esses textos podem questionar nossos pressupostos sobre o que realmente importa.

Se você pode investir duas horas por dia, duas semanas por ano ou mesmo cinco minutinhos toda manhã, tanto faz; o importante é criar espaço para escapar da sua vida assoberbada.

Capítulo 6

OLHAR

Veja o que realmente importa

Onde está o conhecimento que
perdemos com informações?

— *T. S. Eliot*

A falecida escritora Nora Ephron é famosa por filmes como *Silkwood – O retrato de uma coragem*, *Sintonia de amor* e *Harry e Sally*, todos indicados ao Oscar. Seu sucesso como escritora e roteirista tem muito a ver com a capacidade de captar a essência de uma história, talento que aprimorou na carreira anterior de jornalista. Mas, apesar de todos os anos no ritmo acelerado das redações de jornal, a lição que a afetou de forma mais profunda data da época do ensino médio.

Charlie O. Simms era professor de Jornalismo Básico na Beverly Hills High School. No primeiro dia de aula de Nora no curso, ele começou mais ou menos como qualquer professor de jornalismo: com o conceito de lide (ou *lead*). Explicou que o lide contém o porquê, o quê, o quando e o quem da reportagem e resume as informações essenciais. Depois, ele passou a primeira tarefa: escrever o lide de uma reportagem.

Simms começou apresentando os fatos:

> Kenneth L. Peters, diretor da Beverly Hills High School, anunciou hoje que todo o corpo docente da escola irá à cidade de Sacramento na próxima quinta-feira para um colóquio sobre novos métodos de ensino. Entre os palestrantes estarão a antropóloga Margaret Mead, o reitor Dr. Robert Maynard Hutchins e o governador da Califórnia Edmund Brown.

Os alunos dispararam a datilografar em suas máquinas de escrever, tentando acompanhar o ritmo do professor. Depois, entregaram os seus lides escritos com rapidez. Cada um deles tentou resumir o porquê, o quê, o quando e o quem da forma mais sucinta possível: "Margaret Mead, Maynard Hutchins e o governador Brown falarão ao corpo docente..."; "Na próxima quinta-feira, o corpo docente da escola irá...".

Simms examinou os lides dos alunos e, depois, informou que ninguém tinha se saído bem. O lide da reportagem, disse ele, era: "Não haverá aula na quinta-feira."

"Naquele instante", recorda Nora, "percebi que jornalismo não era apenas vomitar fatos, mas perceber o *principal*. Não bastava saber quem, o quê, quando e onde; era preciso entender o que esses dados significavam e por que eram importantes." E acrescentou: "Ele me ensinou algo que funciona tão bem na vida quanto no jornalismo."[1]

Em todos os conjuntos de fatos está oculto algo essencial. E o bom jornalista sabe que encontrá-lo exige explorar informações e descobrir as relações entre elas, tornando-as explícitas. Significa construir o todo a partir da soma das partes e entender como essas peças diferentes se encaixam para serem importantes para alguém. Os melhores jornalistas não apenas transmitem as informações. Seu mérito é descobrir o que realmente importa para as pessoas.

Você já se viu perdido e inseguro, sem saber em que se concentrar? Já se sentiu sobrecarregado com todas as informações que o bombardeiam, sem ter ideia do que fazer com elas? Já se sentiu zonzo com os diversos pedidos que lhe chegam, incapaz de descobrir quais são importantes e quais não são? Já deixou de ver o ponto principal de alguma coisa no trabalho ou em casa e só percebeu o erro quando era tarde demais? Se você se identificou com alguma dessas situações, preste muita atenção na próxima habilidade do essencialista.

O panorama mais amplo

Em 29 de dezembro de 1972, o voo 401 da Eastern Air Lines caiu nos Everglades, na Flórida, matando mais de 100 passageiros.[2] Foi um dos piores acidentes aéreos da história dos Estados Unidos até então. Mais tarde, os investigadores ficaram chocados ao descobrir que, em todos os aspectos importantes, o avião estava em perfeitas condições de funcionamento. Então o que deu errado?

O jato Lockheed se preparava para pousar quando o copiloto Albert Stockstill notou que o indicador do trem de pouso, uma pequena luz verde que indica que o trem de pouso frontal desceu e está travado, não se acendeu. Mas o equipamento estava em posição; o problema era a luz indicadora, não o funcionamento do trem de pouso. Enquanto se concentravam no indicador, porém, os pilotos só notaram que o piloto automático fora desativado quando já era tarde demais. Em outras palavras, não foi o trem de pouso que provocou o desastre. A causa foi o fato de a tripulação perder de vista o maior problema: a altitude da aeronave.

Ser o jornalista da própria vida vai forçá-lo a não se hiperconcentrar mais em todos os pequenos detalhes e, em vez disso, a ver o panorama mais amplo. É possível aplicar as habilidades do jornalista a qualquer campo, até à vida pessoal. Ao se exercitar para procurar sempre o lide, você perceberá que é capaz de enxergar o que estava deixando passar. Será capaz de fazer mais do que apenas ver os pontinhos de cada dia: conseguirá também ligá-los e perceber as tendências. Em vez de apenas reagir aos fatos, conseguirá focalizar as questões maiores que realmente importam.

Filtro para as coisas fascinantes

Sabemos instintivamente que não podemos explorar todas as informações que encontramos na vida. Para discernir o que é essencial explorar, temos que ter disciplina ao examinar e filtrar todos os fatos, opções e opiniões conflitantes e divergentes que competem o tempo todo por nossa atenção.

Recentemente, conversei com Thomas Friedman, colunista do *The New York Times* e jornalista premiado, sobre a filtragem das informações essenciais em meio ao ruído não essencial. Antes de nos encontrarmos, ele participara de um almoço com as fontes de uma coluna que escrevia. A princípio, alguém achou que ele não estava atento aos comentários feitos à mesa. Mas ele *estava* escutando. Absorvia toda a conversa. Simplesmente filtrava tudo e só ficava com o que realmente lhe chamava a atenção. Depois, tentava ligar os pontos e fazia muitas perguntas apenas sobre o que lhe despertara o interesse.

Os melhores jornalistas, como depois Friedman me contou, escutam o que os outros não ouvem. No almoço, ele se concentrava em escutar mais o que *não* era dito.

Os essencialistas são observadores e ouvintes poderosos. Como sabem que a realidade de ter que perder para ganhar não lhes permite prestar atenção em tudo, escutam deliberadamente o que não é afirmado de forma explícita. Leem as entrelinhas.

Os não essencialistas também escutam, mas o fazem enquanto se preparam para dizer alguma coisa. Distraem-se com ruídos. Hiperfocalizam detalhes inconsequentes. Ouvem a voz mais alta, mas captam a mensagem errada. Na ansiedade para reagir, deixam de ver o principal. Em consequência, usando uma metáfora de C. S. Lewis, podem sair correndo com extintores de incêndio em épocas de inundação.[3] Não captam o lide.

Não essencialista	**Essencialista**
Presta atenção na voz mais alta	Presta atenção nos sinais em meio ao ruído
Ouve tudo o que é dito	Ouve o que *não* é dito
Fica sobrecarregado com tanta informação	Examina para achar a essência da informação

No caos do local de trabalho moderno, com tantas vozes altas à nossa volta nos puxando em várias direções, mais do que nunca é importante aprender a resistir ao canto de sereia das distrações e manter olhos e ouvidos atentos aos furos de reportagem. Eis algumas maneiras de explorar o seu jornalista interior:

Faça um diário

Uma das maneiras mais óbvias e eficazes de se tornar jornalista da própria vida é, simplesmente, manter um diário – aliás, antigamente, os jornais eram mesmo conhecidos como diários.

A triste realidade é que nós, seres humanos, somos criaturas esquecidas. Teste essa teoria agora mesmo tentando recordar o que comeu duas semanas atrás no jantar de quinta-feira. Ou se pergunte a quantas reuniões compareceu três semanas atrás na segunda-feira. A maioria falha nesse exercício. Pense no diário como um dispositivo de armazenamento para fazer backup do disco rígido defeituoso do cérebro. Como já me disseram, o lápis mais fraco é melhor do que a memória mais forte.

Nos últimos 15 anos, tenho feito meu diário utilizando um método contraintuitivo porém eficaz. É simples: escrevo menos do que tenho vontade de escrever. Geralmente, quem começa a fazer um diário escreve páginas e páginas no primeiro dia. Aí no segundo dia a ideia de escrever tudo aquilo é assustadora, e a pessoa passa a procrastinar ou abandona o exercício. Assim, aplique também ao diário o princípio de "menos porém melhor". Evite escrever muitos até que o registro diário se torne um hábito.

Também sugiro que, de três em três meses, mais ou menos, você reserve uma hora para ler o seu diário daquele período. Mas não se concentre demais nos detalhes, como a reunião de orçamento de três semanas atrás ou o macarrão do jantar da quinta-feira passada. Concentre-se nos padrões ou tendências mais amplos. Capte a manchete. Procure o lide de seu dia, sua semana, sua vida. Mudanças que acontecem aos pouquinhos são difíceis de ver no momento, mas com o tempo podem ter um imenso efeito cumulativo.

Vá a campo

Jane Chen cursava uma matéria da d.school chamada Projetos de Baixíssimo Custo. Sua turma foi desafiada a projetar uma incubadora de bebês por 1% do custo tradicional, que era de 20 mil dólares. De acordo com Jane, nos países em desenvolvimento, "4 milhões de crianças com baixo peso ao nascer morrem nos primeiros 28 dias por não terem gordura suficiente para manter a temperatura do corpo".[4]

Se tivessem se apressado a resolver simplesmente um problema de custo, a equipe teria produzido uma incubadora elétrica barata – uma solução aparentemente sensata mas que, no fim das contas, não abordaria a raiz do problema. Em vez disso, eles se dedicaram a descobrir o que realmente importava. Foram ao Nepal para ver o problema de perto. Foi quando descobriram que 80% dos bebês não nasciam no hospital, mas em casa, em aldeias rurais sem eletricidade. Portanto, de repente ficou claro que o verdadeiro desafio da equipe era criar algo que não exigisse eletricidade nenhuma.

Com essa ideia fundamental, começaram a trabalhar a sério na solução para o problema que tinham em mãos. Finalmente, Jane e os três colegas de equipe abriram uma empresa sem fins lucrativos chamada Embrace (abraço) e criaram o "Embrace Nest" (o ninho do abraço), que usa uma substância cerosa que, aquecida em água e colocada num envoltório em forma de saco de dormir, é capaz de esquentar o bebê durante até seis horas.

Por terem ido a campo para explorar totalmente o problema, conseguiram esclarecer melhor a questão e, por sua vez, focar os detalhes essenciais que, em última análise, lhes permitiram dar a maior contribuição à solução do problema.

Mantenha os olhos atentos a detalhes anormais ou incomuns

Mariam Semaan é uma jornalista libanesa premiada. Ela terminou recentemente o curso de jornalismo na Universidade Stanford, onde se especializou em inovações dos meios de comunicação e solução de problemas. Pedi-lhe que compartilhasse as dicas secretas do seu ofício com base nos anos de experiência dela captando a história real em meio a todo o ruído superficial. O que ela disse em resposta foi estimulante: encontrar o lide e perceber as informações essenciais são talentos que podem ser adquiridos. Também explicou que é preciso conhecimento.

Para chegar à essência de uma reportagem deve-se ter uma profunda compreensão do tema, de seu contexto, seu encaixe no panorama mais amplo e sua relação com várias áreas. De acordo com essa linha de pensamento, ela lia todas as notícias relacionadas e tentava perceber a informação que todos tinham deixado de ver ou que não tinham focalizado direito. "Minha meta", disse ela, "era entender a 'teia de aranha' da reportagem, porque seria ela que me permitiria perceber algum detalhe ou comportamento 'anormal' ou 'incomum' que não se encaixasse no curso natural da história."

Para ela, é fundamental buscar "um ponto de vista diferente sobre uma dada reportagem que lance luz sobre o tema de um jeito novo ou que nos faça pensar". Um truque que ela usa é a encenação: ela se põe no lugar de todos os principais envolvidos da matéria para entender melhor motivos, raciocínios e pontos de vista.

Esclareça a questão

Quem já assistiu a entrevistas de políticos experientes sabe como eles são bem treinados em não responder ao que lhes perguntam. Fugir de perguntas difíceis pode ser tentador para todos nós. Muitas vezes é mais fácil dar uma resposta vaga e abrangente do que reunir os fatos e informações necessários para oferecer uma resposta ponderada. Mas ser evasivo só nos leva a uma espiral não essencial de mais imprecisão e desinformação. Esclarecer a questão é um jeito de sair desse ciclo.

Elay Cohen, diretor da Salesforce.com, era um dos seis membros de uma equipe amontoados num quarto abafado de um hotel normalmente tranquilo em Cavallo Point, com vista para a ponte Golden Gate de São Francisco, na Califórnia. Nas três horas seguintes, eles competiriam com outras cinco equipes numa simulação de negócios. A tarefa envolvia responder a uma série de perguntas sobre como resolveriam situações de gestão hipotéticas.

O tempo passava, mas a equipe de Elay sentia dificuldade para começar. Cada possível resposta suscitava ainda mais opiniões e comentários, e logo o que poderia ser um exercício bastante simples de solução de problemas evoluiu para um debate prolongado e indisciplinado. Eu estava lá para observar e orientar a equipe e, depois de 15 minutos de argumentação, precisei pedir que parassem. "A que pergunta vocês estão tentando responder?", indaguei. Todos pararam, sem graça. Ninguém sabia. Então alguém fez um comentário sobre outra coisa e novamente o grupo saiu pela tangente.

Interrompi de novo e fiz a mesma pergunta outra vez. E mais outra. Finalmente, a equipe parou e realmente pensou nas metas que tentavam cumprir e nas decisões que teriam que tomar para atingi-las. Pararam com as conversas secundárias. Repassaram todas as ideias e opiniões que tinham sido lançadas ao acaso, tentando escutar os temas ocultos e as ideias maiores que as interligavam. Então, por fim, passaram da estagnação para o ímpeto. Estabeleceram um plano de ação, tomaram as decisões necessárias e dividiram as responsabilidades. A equipe de Elay venceu por enorme vantagem.

CAPÍTULO 7

BRINCAR

Adote a sabedoria de sua criança interior

UMA PEQUENA TOLICE AQUI E ALI É VALORIZADA PELOS HOMENS MAIS SÁBIOS.

— *Roald Dahl*

No final do clássico musical *Mary Poppins*, o rabugento e tristonho Sr. Banks volta para casa depois de ser demitido, mas parece absoluta e atipicamente feliz – tanto que um dos empregados conclui que ele não está bem da cabeça, e até o filho observa: "Não parece o papai." Na verdade, o pai é quase uma outra pessoa quando apresenta aos filhos uma pipa remendada e começa a cantar "Let's Go Fly a Kite" (Vamos soltar pipa). Libertada do tédio sombrio do emprego no banco, de repente a criança interior do Sr. Banks ganha vida. O efeito de seu bom humor é magnífico: levanta o astral da casa inteira e inspira alegria, camaradagem e prazer na melancólica família Banks. Claro que se trata de ficção, mas a cena ilustra o efeito vigoroso de trazer as brincadeiras de volta ao cotidiano.

Quando criança, ninguém nos ensina a brincar; pegamos o jeito de forma natural e instintiva. Recorde a alegria pura de um bebê quando a mãe brinca de esconder o rosto e tornar a revelá-lo. Pense num grupo de crianças que libera a imaginação brincando juntas de faz de conta. Imagine um menino em *estado de fluxo*, como diz Mihaly Csikszentmihalyi, enquanto constrói seu minirreino com um monte de caixas de papelão.[1]

No entanto, quando crescemos, algo acontece. Somos apresentados à ideia de que brincar é trivial, uma perda de tempo, desnecessário e coisa de criança. Infelizmente, muitas dessas mensagens negativas vêm do mesmo lugar onde a brincadeira e a criatividade deveriam ser mais estimuladas e não sufocadas.

A palavra "escola" vem do grego *skholē*, que significa "lazer". Mas nosso moderno sistema escolar, nascido na Revolução Industrial, removeu o lazer – e boa parte do prazer – do aprendizado. Ken Robinson, que dedicou a vida a estudar a criatividade nas escolas, observou que, em vez de alimentar a criatividade por meio da brincadeira, na verdade as escolas podem matá-la:

> Adotamos um modelo de educação fast-food que empobrece o espírito e a energia do mesmo modo que o fast-food prejudica nosso corpo físico. [...] A imaginação é a fonte de todas as formas de realização humana. E é o que mais prejudicamos sistematicamente com o modo como educamos a nós e aos nossos filhos.[2]

A ideia de que brincar é trivial continua conosco quando nos tornamos adultos, e se entranha ainda mais quando começamos a trabalhar. Infelizmente, pouquíssimas empresas e organizações promovem a brincadeira, e muitas sabotam essa atividade lúdica sem querer. E mesmo algumas que apregoam o valor do lúdico como estímulo à criatividade parecem fazê-lo da boca para fora, pois não criam de fato o tipo de cultura descontraída que suscita experiências exploratórias.

Nada disso deveria nos surpreender. As empresas modernas têm suas origens nos moldes da Revolução Industrial, quando o único objetivo era otimizar a produção em massa de mercadorias. Além disso, esses primeiros gestores buscavam inspiração nas forças armadas, uma instituição que em nada estimula a brincadeira (na verdade, ainda hoje a linguagem militar é forte nas empresas; é comum falar de funcionários da linha de frente, e a própria palavra "companhia" designa uma unidade militar). Embora a era industrial tenha ficado para trás, esses costumes, estruturas e sistemas continuam impregnados na maioria das empresas modernas.

Brincar, que defino como tudo o que fazemos apenas pela alegria de fazer e não como um meio para atingir um fim – seja empinar pipas, ouvir música ou jogar bola –, pode parecer uma atividade não essencial e geralmente é assim que é tratada. No entanto, brincar é essencial em muitos aspectos.

Stuart Brown, fundador do National Institute for Play (Instituto Nacional da Brincadeira, em uma tradução livre), estudou o "histórico de brincadeiras" de cerca de 6 mil indivíduos e concluiu que brincar tem o poder de melhorar tudo de forma significativa, da saúde aos relacionamentos, da educação à capacidade de inovação das empresas. "A brincadeira", diz ele, "leva à plasticidade cerebral, à adaptabilidade e à criatividade." Como explica de forma sucinta: "Nada desperta mais o cérebro do que brincar."[3]

Não essencialista	Essencialista
Acha que brincar é trivial	Sabe que brincar é essencial
Acha que brincar é um desperdício de tempo	Sabe que brincar estimula a experimentação

A mente convidada a brincar

Não devemos subestimar o valor da brincadeira na vida. Estudos sobre o reino animal revelam que brincar é tão fundamental para o desenvolvimento de importantíssimas habilidades cognitivas que pode contribuir até para a sobrevivência de uma espécie. Bob Fagan, pesquisador que passou 15 anos estudando o comportamento dos ursos-pardos, descobriu que os que mais brincavam tendiam a viver mais tempo. Segundo ele, "Num mundo que apresenta ambiguidade e dificuldades inéditas o tempo todo, brincar prepara os ursos para um planeta em mutação".[4]

Jaak Panksepp concluiu algo semelhante em *Affective Neuroscience: The Foundations of Human and Animal Emotions* (Neurociência afetiva: a base das emoções humanas e animais) e escreveu: "Uma coisa é certa: durante a brincadeira, os animais ficam especialmente propensos a se comportar de maneira flexível e criativa."[5]

Porém, segundo Stuart Brown, de todas as espécies animais, os seres humanos são os que mais brincam. Somos forjados para brincar e *pelo* brincar. Quando brincamos, nos dedicamos à expressão mais pura de nossa humanidade, à expressão mais verdadeira de nossa individualidade. Já parou para pensar que, muitas vezes, os momentos em que nos sentimos mais vivos, aqueles que criam as melhores lembranças, são momentos lúdicos?

Brincar expande a mente de um jeito que nos permite explorar: fazer novas ideias brotarem ou ver as antigas sob uma nova luz. A atividade lúdica nos torna mais questionadores, mais antenados com as novidades, mais empenhados. Brincar é fundamental para viver como essencialista porque alimenta a experimentação em pelo menos três aspectos específicos.

Primeiro, amplia a variedade de opções disponíveis. Ajuda a ver possibilidades que não veríamos de outra forma e a fazer conexões que também não faríamos. Leva-nos a questionar antigos pressupostos e nos torna mais receptivos a ideias não testadas. Permite expandir nosso próprio fluxo de consciência e inventar novas histórias. Sobre esse tema, Albert Einstein já disse: "Quando examino meus métodos de pensamento, chego à conclusão de que o dom da fantasia significou mais para mim do que o talento de absorver conhecimentos."[6]

Em segundo lugar, brincar é um antídoto para o estresse. Isso é fundamental porque o estresse, além de ser um inimigo da produtividade, pode realmente desligar as partes criativas, questionadoras e exploradoras do cérebro. Você já passou por isso: fica estressado no trabalho e, de repente, tudo dá errado. As chaves somem, você esbarra em tudo, esquece o relatório importantíssimo na mesa da cozinha. Descobertas recentes indicam que isso acontece porque o estresse aumenta a atividade da parte do cérebro que monitora as emoções (a amígdala) e a reduz na parte responsável pela função cognitiva (o hipocampo)[7] – e o resultado é que não conseguimos pensar com clareza.

Já vi a brincadeira reverter esse efeito nos meus filhos. Quando estão nervosos e a situação sai do controle, ponho todos para desenhar. Quando começam, a mudança é quase imediata. O estresse se desfaz e eles recuperam a capacidade de experimentar.

Em terceiro lugar, como explica Edward M. Hallowell, psiquiatra especializado em ciência cerebral, a brincadeira tem efeito positivo sobre a função executiva do cérebro. "As funções executivas cerebrais", escreveu ele, "são planejar, priorizar, agendar, prever, delegar, decidir, analisar – em resumo, a maioria das habilidades que todo executivo precisa dominar para se destacar na carreira."[8]

Brincar estimula tanto as partes do cérebro envolvidas no raciocínio lógico e meticuloso quanto na exploração irrestrita e despreocupada. Dito isso, não surpreende que descobertas importantíssimas tenham ocorrido em momentos de brincadeira. Segundo Hallowell:

> Colombo brincava quando percebeu que o mundo era redondo. Newton brincava com seus pensamentos quando viu a macieira e, de repente, concebeu a força da gravidade. Watson e Crick brincavam com possíveis formatos para a molécula do DNA quando pensaram na hélice dupla. Shakespeare brincou com pentâmetros iâmbicos a vida inteira. Os experimentos de pensamento de Einstein são exemplos brilhantes da mente sendo convidada a brincar.[9]

Sobre trabalho e brincadeira

Finalmente algumas empresas inovadoras estão despertando para o valor essencial do lúdico. Dick Costolo, que já foi presidente-executivo do Twitter, promove a brincadeira por meio da comédia. Ele incentivou os funcionários a terem aulas de improviso na empresa. Como já fez stand-up comedy, sabe que o improviso obriga a mente a pensar de forma mais flexível, anticonvencional e criativa.

Outras empresas promovem o lúdico por meio do ambiente físico. A IDEO faz reuniões dentro de um micro-ônibus. Nos corredores do Google, é provável que você se depare com um grande dinossauro coberto de flamingos cor-de-rosa. Nos estúdios da Pixar, as "salas" dos artistas podem ser decoradas de diversas maneiras, ganhando o aspecto de um antigo *saloon* do faroeste ou de uma cabana de madeira.

Uma mulher bem-sucedida que conheci numa editora tinha na mesa um Easy Button™, da loja Staples. Toda pessoa que saía da sala dela gostava da graça infantil de pressionar o grande botão vermelho e fazer uma voz gravada anunciar em alto e bom som ao escritório inteiro: "Essa foi moleza!" E uma funcionária da mesma empresa pendurou na parede um grande cartaz emoldurado com a ilustração de um livro infantil, para se lembrar da alegria da leitura quando criança.

Brinquedos de mesa e decorações bem-humoradas talvez pareçam diversões triviais para alguns, mas a questão é que podem ser exatamente o oposto. Essas iniciativas questionam a lógica não essencialista de que brincar é trivial. Na verdade, elas celebram a brincadeira como propulsor fundamental da criatividade e da experimentação.

Além de nos ajudar a explorar o que é essencial, brincar é essencial por si só.

Sendo assim, como acrescentar mais brincadeiras ao local de trabalho e à vida? No seu livro, Stuart Brown, do National Institute for Play, oferece uma cartilha para ajudar os leitores a se reconectarem com o ato de brincar. Ele sugere que procurem no passado lembranças de brincadeiras e jogos. Quando criança, o que você fazia de mais empolgante? Como pode recriar isso hoje?

Capítulo 8

DORMIR

Proteja seu patrimônio

Toda noite, quando vou dormir, eu morro.
E quando acordo na manhã seguinte, renasço.

— *Mahatma Gandhi*

Geoff sentou-se na cama, em pânico. Parecia que uma bomba tinha explodido dentro da cabeça. Suava, sentia-se desnorteado. Apurou os ouvidos com a máxima atenção. O que estava havendo? Tudo em silêncio. Talvez uma reação esquisita a algo que comera. Tentou voltar a dormir.

Na noite seguinte, aconteceu de novo. Então, alguns dias depois, aconteceu no meio do dia. Ele acabara de voltar da Índia e, a princípio, achou que poderia ser uma reação aos medicamentos contra malária que estava tomando junto com o remédio que usava para dormir quando sofria os efeitos do jet lag. Mas quando a situação piorou, ele descobriu que a doença era mais complicada. Era como se estivesse sofrendo um ataque de ansiedade sem ansiedade, apenas com os sintomas físicos.

Geoff era um caso clássico de pessoa bem-sucedida que tinha um desejo profundo de fazer algo pela sociedade. Ele era ambicioso, motivado e se empenhava em dar sua contribuição ao mundo: estava na diretoria da empresa de microcrédito Kiva, recebera o título de Empresário do Ano da Ernst & Young e de Líder Jovem Global do Fórum Econômico Mundial, era um dos criadores de um fundo de investimentos de impacto e presidente-executivo de uma entidade global de microcrédito que ajudava mais de 12 milhões de famílias pobres. Tinha 36 anos e estava no auge da carreira.

Geoff viajava constantemente, o que costumava resultar em problemas para dormir. A empresa ficava em Seattle, com filiais em São Francisco, na Índia e no Quênia. Sua rotina consistia em participar de reuniões em Londres, depois passar seis dias na Índia visitando cinco cidades diferentes, então ir a Genebra para horas de reuniões com investidores e voltar a Seattle para ficar apenas um dia e meio. Durante três anos, viajou 60% a 70% do tempo. Dormia em média quatro a seis horas por noite.

Aos 36 anos, porém, o ritmo de trabalho começou a ameaçar sua saúde e seu desempenho profissional. Os sintomas que surgiram nos ataques noturnos pioraram. Um a um, seus órgãos foram apresentando problemas. O ritmo dos batimentos cardíacos era aleatório. Ficar em pé ereto era dolorido. Geoff tinha que bater a comida no liquidificador porque não conseguia digeri-la de outra forma. A pressão arterial estava tão baixa que ele desmaiava caso se levantasse depressa demais. Foi parar duas vezes no pronto-socorro.

Não parava de dizer a si mesmo que reduziria o ritmo depois do próximo contrato, então dizia que seria depois do outro ou de só mais um. Mas é claro que não fez nada disso. Tinha certeza de que, se continuasse em frente, tudo se resolveria sozinho. Não queria enfrentar as concessões exigidas para baixar o ritmo. Mas elas logo o alcançaram: ele era forçado a cancelar reuniões na última hora por estar fraco demais para comparecer, ou dava uma palestra e não concluía seu discurso porque perdia o raciocínio, ficava confuso. Geoff começou a se perguntar se não estaria prejudicando a empresa, mais do que ajudando – e estava mesmo.

Finalmente, depois de um diagnóstico claro, o médico lhe deu duas opções: tomar remédio pelo resto da vida para atenuar os sintomas ou se desligar de tudo durante um ano ou dois para tratar a doença e se recuperar. A princípio, Geoff não aceitou nenhuma dessas soluções. Era um triatleta competitivo e achou que conseguiria aplicar a mesma lógica que usaria no caso de uma entorse do tornozelo ou de um rompimento de um tendão. Disse ao médico, cheio de prepotência, que tiraria uns poucos meses de folga e voltaria com tudo.

Ele tirou dois meses de férias e, para sua surpresa, desmoronou por completo. Dormia 14 horas por noite, depois descansava o dia inteiro. Em alguns dias, nem se levantava da cama. Ficou totalmente inativo durante um mês e meio. Voltou se arrastando ao consultório do médico e admitiu que precisaria de mais do que dois meses.

Então se livrou de tudo o que gerava estresse em sua vida. Pediu demissão dos conselhos diretores e também decidiu sair da empresa. Ele explicou: "Foi muito difícil tomar a decisão de me desligar. Saí da reunião da diretoria com lágrimas nos olhos, e disse à minha mulher: 'Não era assim que eu queria abandonar minha cria!'"

Geoff estabeleceu um plano totalmente dedicado à regeneração e à recuperação enquanto cumpria o protocolo de tratamento. Entre as medidas estava a reeducação alimentar e uma viagem com a família para o sul da França. O tratamento e a mudança de ares e estilo de vida deram certo. Com uma nova mentalidade, ele começou a pensar no que aprendera com a experiência.

Dois anos e meio depois, Geoff estava na Tanzânia para um evento dos Jovens Líderes Globais com o Fórum Econômico Mundial. Numa noite em que o microfone ficou aberto para quem quisesse falar, os que conheciam a sua história insistiram para que ele contasse o que aprendera ao grupo de 200 colegas bem-sucedidos. Com muita emoção, ele lhes disse que pagara um preço alto para aprender uma lição simples porém essencial: "Proteja seu patrimônio."

Proteger o patrimônio

O melhor patrimônio de que dispomos para dar nossa contribuição máxima ao mundo *somos nós*. Se não investimos em nós mesmos – em nossa mente, nosso corpo e nosso espírito – prejudicamos a nossa ferramenta mais eficiente e confiável. Uma das maneiras mais comuns de prejudicar esse patrimônio, principalmente no caso de pessoas ambiciosas e bem-sucedidas, é dormir pouco.

Se deixarmos nosso instinto workaholic tomar conta, seremos engolidos por inteiro, como Geoff. Vamos nos desgastar cedo demais. Precisamos ser tão estratégicos conosco como somos com a carreira e a empresa. Temos que controlar nosso ritmo, cuidar da saúde e obter energia para explorar, prosperar e realizar.

Nas muitas horas que passou descansando, Geoff começou a ver um paradoxo interessante no seu vício por conquistas. Para uma personalidade hiperativa e workaholic como a sua, forçar-se até o limite é fácil. Ele explica aos que têm um desempenho acima das expectativas: "Se você acha que é tão forte que consegue fazer qualquer coisa, eis um desafio realmente difícil: diga não a uma oportunidade e tire um cochilo."

Aos 21 anos, eu também pensava que dormir era algo a evitar. Para mim, era um mal necessário: um desperdício de tempo que poderia ser usado produtivamente; coisa para os fracos, para quem não tinha força de vontade. A ideia de ser um super-homem e dormir poucas horas por noite era inebriante. Cheguei a experimentar algumas formas bastante drásticas e pouco convencionais de reduzir as horas de repouso.

Depois de ler um estudo sobre o sono no qual alguns participantes tiveram que dormir apenas 20 minutos de quatro em quatro horas, resolvi tentar. Foi suportável durante algum tempo, mas logo descobri que, embora tecnicamente seja possível sobreviver desse jeito, dormir assim tinha os seus reveses. Por exemplo, descobri que eu ficava tecnicamente acordado, mas que durante esse período o cérebro mal funcionava. Era mais difícil pensar, planejar, priorizar ou ver o panorama mais amplo. Era complicado tomar decisões ou fazer escolhas, e quase impossível discernir entre o essencial e o trivial.

Logo ficou insuportável, mas eu ainda teimava que, quanto menos dormisse, mais conseguiria fazer. Portanto, adotei a nova tática de virar uma noite por semana. Então minha mulher, que não aprovava a prática, me mostrou um artigo que mudou completamente a minha opinião sobre o sono. O texto questionava a noção de que o sono era inimigo da produtividade e argumentava, de forma convincente, que dormir bem era de fato o propulsor dos altos níveis de desempenho. Lembro que o artigo listava grandes líderes empresariais que se gabavam de dormir oito horas inteiras e que também citava Bill Clinton, que confessara que todos os grandes erros que cometera na vida resultaram da falta de sono. Desde então, tento dormir oito horas por noite.

E quanto a você? Analise sua rotina da semana passada. Dormiu menos de sete horas em alguma daquelas noites? Dormiu menos de sete horas algumas noites seguidas? Pegou-se dizendo ou pensando com orgulho: "Não preciso dormir oito horas inteiras. Posso sobreviver perfeitamente com quatro ou cinco horas de sono"? Bom, embora haja gente realmente capaz de sobreviver com menos horas de sono, descobri que a maioria das pessoas simplesmente ficou tão acostumada a viver exausta que se esqueceu de como é estar totalmente descansada.

O não essencialista considera o sono mais um fardo numa vida já cheia de exigências e compromissos. O essencialista, por sua vez, sabe que o sono é fundamental para que possa funcionar em um nível elevado de contribuição quase o tempo todo. É por isso que, de forma sistemática e deliberada, dormem as horas necessárias para assim fazer mais, realizar mais e explorar mais. Ao "proteger o próprio patrimônio", conseguem enfrentar o dia a dia com uma reserva de energia, criatividade e capacidade de resolver problemas para usá-la quando necessário – ao contrário dos não essencialistas, que nunca sabem quando nem onde serão vencidos pela própria fadiga.

Os essencialistas escolhem fazer uma coisa a menos agora para fazer mais amanhã. Sim, é uma concessão. Mas, de forma cumulativa, essa pequena perda traz grandes recompensas.

Não essencialista	Essencialista
PENSA:	**SABE:**
Uma hora a menos de sono significa uma hora a mais de produtividade	Uma hora a mais de sono significa várias horas a mais de produtividade muito maior
Dormir é para os fracos	Dormir é para quem tem alto desempenho
Dormir é luxo	Dormir é prioridade
Dormir provoca preguiça	Dormir estimula a criatividade
Dormir nos impede de "fazer tudo"	Dormir permite alcançarmos o nível máximo de contribuição mental

Para acabar com o estigma do sono

No famoso estudo com violinistas que Malcolm Gladwell popularizou como a "Regra das 10 Mil Horas", K. Anders Ericsson descobriu que os melhores violinistas passavam mais tempo estudando do que os colegas que eram apenas bons.[1] Esse resultado comprova a lógica do essencialista ao mostrar que a maestria exige esforço concentrado e deliberado. É encorajador aprender que a excelência está em nossa esfera de influência e não é uma bênção concedida apenas aos naturalmente mais talentosos. Mas também chega muito perto de estimular a mentalidade não essencialista de "tenho que fazer tudo", esse mito pernicioso capaz de justificar mais e mais horas de trabalho com um retorno cada vez menor.

No entanto, tudo fica muito claro quando examinamos uma descoberta menos conhecida do mesmo estudo: que o *segundo* fator mais importante para diferenciar os melhores dos bons violinistas era, na verdade, o *sono*. Os melhores violinistas dormiam, em média, 8,6 horas por dia: cerca de uma hora a mais do que a média dos americanos. No período de uma semana, também cochilavam, em média, 2,8 horas à tarde: cerca de duas horas a mais do que a média. Os autores do estudo concluíram que o sono permitia que esses músicos de alto desempenho se recuperassem para estudar com mais concentração. Portanto, além de estudar mais, eles também produziam mais resultados naquelas horas de estudo porque estavam mais descansados.

No artigo "Déficit de sono: o exterminador do desempenho" publicado na revista *Harvard Business Review*, Charles A. Czeisler, professor de Medicina do Sono da Faculdade de Medicina de Harvard, explicou como a privação de sono prejudica a performance. Ele compara o déficit de sono a beber em excesso e conclui que virar uma noite (ou seja, ficar 24 horas sem dormir) ou passar a semana dormindo apenas quatro ou cinco horas por noite "induz uma debilidade equivalente à causada quando um indivíduo está com nível de 0,1% de álcool na corrente sanguínea. Pense bem: jamais diríamos 'Como ele é trabalhador! Passa o tempo todo bêbado!', mas continuamos a exaltar quem sacrifica o sono para trabalhar".[2]

Embora o sono costume ser associado ao descanso do corpo, pesquisas recentes mostram que na verdade o sono descansa mais o cérebro. Um estudo da Universidade de Lüebeck, na Alemanha, comprova que uma boa noite de sono pode aumentar o poder cerebral e melhorar a capacidade de resolver problemas.

No estudo, publicado na revista *Nature*, mais de 100 voluntários receberam um quebra-cabeça numérico com um detalhe pouco convencional: era preciso descobrir um "código oculto" para encontrar a resposta.[3] Os voluntários foram divididos em dois grupos; um pôde dormir oito horas ininterruptas, o outro foi interrompido enquanto dormia. Então os cientistas observaram quais voluntários encontraram o código oculto. O resultado foi que, comparando-se aos voluntários que não dormiram bem, o dobro de pessoas do grupo que dormiu oito horas resolveu o problema. Os pesquisadores explicaram que, enquanto dormimos, o cérebro trabalha intensamente para codificar e reestruturar informações. Portanto, quando acordamos, o cérebro pode ter feito novas conexões neurais e, assim, permitir uma variedade maior de soluções para os problemas, literalmente da noite para o dia.

Uma boa notícia tanto para quem acorda com as galinhas quanto para quem vai dormir com as corujas: a ciência mostra que até um cochilo pode aumentar a criatividade. Para dar apenas um exemplo, um relatório do periódico *Proceedings of the National Academy of Sciences* revelou que até um único ciclo de REM – *rapid eye movement* ou movimento rápido dos olhos – melhora a integração de informações não associadas. Em outras palavras, basta um breve período de sono profundo para nos ajudar a fazer o tipo de conexões novas que nos permite explorar melhor o mundo.

Resumindo, é o sono que nos permite funcionar no nível máximo de contribuição e realizar mais em menos tempo. Embora a cultura do super-homem que não precisa dormir ainda persista, o estigma está diminuindo, graças, em parte, a alguns grandes líderes – sobretudo em setores que costumam enaltecer aqueles que viram as noites – que se gabaram publicamente de dormir oito horas seguidas. Essas pessoas (muitas delas verdadeiros essencialistas) sabem que hábitos de sono saudáveis lhes dão uma imensa vantagem competitiva.

Jeff Bezos, fundador da Amazon.com, é um deles: "Fico mais alerta e penso com mais clareza. Simplesmente me sinto muito melhor o dia inteiro depois de dormir oito horas." Outro é Mark Andreessen, um dos fundadores da Netscape e ex-limitador do sono que costumava trabalhar até altas horas da madrugada e mesmo assim estava em pé às sete da manhã. Ele confessou: "Eu passava o dia inteiro com vontade de voltar para casa e dormir." Hoje sabe a importância do sono: "Se durmo sete horas meu desempenho já se altera. Seis e ele fica abaixo do ideal. Cinco é um grande problema. Quatro me transformam em zumbi." Nos fins de semana, ele dorme 12 horas ou mais. "Faz uma grande diferença na minha capacidade de ação", explicou.

Esses executivos foram citados em um artigo intitulado "Dormir é o novo símbolo de status dos empreendedores de sucesso".[4] Nancy Jeffrey, do *The Wall Street Journal*, escreveu:

> É oficial. O sono, essa commodity valiosa nos estressados Estados Unidos, é o novo símbolo de status. Antes desdenhado como um

> defeito de gente fraca – os mesmos supertrabalhadores da década de 1980 que gritavam que "almoçar é para perdedores" também acreditavam que "dormir é para imbecis" –, o sono está sendo promovido como o elixir restaurador da mente dos executivos criativos.

A isso podemos acrescentar que também é o elixir restaurador da mente do essencialista perspicaz.

Em uma reportagem do *The New York Times*, Erin Callan, ex-diretora financeira de um banco de investimentos, contou:

> Numa festa com o pessoal do trabalho, em 2005, uma colega perguntou ao meu marido o que eu fazia no fim de semana. Ela me via como alguém cheia de energia e intensidade. "Ela anda de caiaque, faz escalada e depois corre meia maratona?", brincou. "Não", respondeu ele com simplicidade; "ela dorme." Era verdade. Eu passava os fins de semana recarregando a bateria para a semana seguinte.[5]

Portanto, se o estigma do sono ainda existir no seu local de trabalho, você pode tomar a iniciativa de estimular explicitamente o ato de dormir. Caso pareça radical, veja que os muitos benefícios do sono – mais criatividade, maior produtividade e até menos despesas com assistência médica – têm o potencial de afetar diretamente o lucro da empresa. Com isso em vista, não é tão difícil assim pensar na possiblidade de o seu gestor ou o departamento de recursos humanos desenvolverem uma política para incentivar os funcionários a dormir mais. Por exemplo, Charles Czeisler, de Harvard, propôs uma política na qual nenhum funcionário poderia ir trabalhar dirigindo depois de virar a noite viajando, e outras empresas permitem que os funcionários cheguem mais tarde se tiverem feito hora extra na noite anterior.

Como pesquisa para este livro, fui recentemente à sede do Google tirar um cochilo num dos seus famosos *sleep pods* – os "compartimentos do sono". Parece algo saído de um filme futurista da década de 1970: uma estrutura com cerca de 2 metros quadrados, suficiente para alguém se deitar, mas não completamente plana. Há uma espécie de cobertura arredondada que esconde apenas a parte superior do corpo, e, por isso, fiquei um pouco envergonhado no início, sem saber se conseguiria adormecer. Trinta minutos depois, quando o compartimento vibrou suavemente para avisar que a sessão acabara, não tive nenhuma dúvida.

Ao acordar do cochilo, pude realmente perceber como precisava desse descanso. Eu me senti mais alerta, mais esperto, com uma clareza maior de pensamentos.

Para usar os compartimentos do sono é preciso marcar hora. Das 50 pessoas que trabalham no andar onde ficam, imaginei que pelo menos 10 ou 20 reservassem sua soneca uma vez por semana. Errei. De acordo com a agenda, uma única pessoa aproveitara a oportunidade de recarregar o corpo e a mente com os 30 minutos de sono no meio do dia. Ainda assim, a presença do compartimento é importante para mostrar aos funcionários que o sono é prioridade.

Nossa maior prioridade é proteger a capacidade de priorizar.

Nesta parte do livro, falamos sobre explorar e avaliar opções para distinguir as poucas essenciais das muitas apenas boas, triviais ou mesmo medíocres. Por definição, esse é um processo de priorização, que inclui o desafio de filtrar alternativas que, à primeira vista, parecem importantes. Mas, como explica a lógica do essencialista, na realidade só existem poucas coisas de valor excepcional, e quase tudo o mais tem pouca relevância.

O problema de se privar de sono é comprometer a capacidade de perceber a diferença e, portanto, de priorizar. Dormir bem vai melhorar a capacidade de explorar, ver conexões e fazer menos porém melhor durante as horas em que estiver acordado.

CAPÍTULO 9

SELECIONAR

O poder dos critérios rígidos

O PROCESSO INTERIOR TEM NECESSIDADE DE CRITÉRIOS EXTERIORES.

— Ludwig Wittgenstein

Num texto brilhante sobre indecisão, Derek Sivers, popular palestrante do programa TED, descreve uma técnica simples para ser mais seletivo ao escolher. O segredo é submeter a decisão a uma prova de extremos. De acordo com Derek, se tivermos convicção total e absoluta de fazer alguma coisa, devemos dizer sim. Qualquer coisa menos do que isso recebe uma resposta negativa. Ou, como um líder me disse no Twitter: "Se não for um sim óbvio, a resposta terá que ser não." Este é um resumo sucinto de um princípio essencialista básico que é fundamental para o processo de exploração e experimentação.[1]

O próprio Derek segue à risca esse princípio. Quando não se entusiasmou com nenhum dos candidatos que entrevistou para um emprego, disse não a todos. Finalmente, encontrou a pessoa certa. Quando percebeu que se inscrevera em várias conferências no mundo inteiro pelas quais não estava realmente entusiasmado, decidiu ficar em casa e não ir a nenhuma delas, e ganhou 12 dias que usou com fins mais produtivos. Quando tentava decidir onde morar, rejeitou lugares que pareciam bastante bons (Sydney e Vancouver) até visitar Nova York; então, soube no mesmo instante que aquele era o lugar certo para ele.

Pense outra vez no que acontece ao armário quando usamos o critério amplo "Existe alguma chance de eu usar isso um dia no futuro?". O armário acaba ficando lotado de roupas que raramente usamos. No entanto, se perguntarmos: "Será que amo isso de paixão?", seremos capazes de eliminar o desnecessário e abrir espaço para algo melhor. Podemos fazer o mesmo com outras escolhas, sejam grandes ou pequenas, importantes ou triviais, em todas as áreas da vida.

A regra dos 90%

Recentemente, um colega e eu tivemos que selecionar 24 pessoas de um grupo de quase 100 candidatos para o nosso curso "Projete sua vida essencialmente". Em primeiro lugar, identificamos um conjunto de critérios mínimos, como "Pode comparecer a todas as aulas". Depois, determinamos um conjunto de atributos ideais como "Está pronto para uma experiência capaz de mudar sua vida". Com esses critérios, classificamos cada candidato numa escala de 1 a 10. Decidimos que os que recebessem 9 e 10 obviamente estariam dentro. Quem tivesse menos de 7 estaria automaticamente fora. Então, recebi a tarefa ingrata de avaliar os candidatos intermediários: os 7 e 8. Enquanto me esforçava para determinar qual deles seria bom o bastante, tive uma ideia: se algo (ou, neste caso, alguém) é apenas bom ou quase bom – ou seja, 8 ou 7 –, então a resposta devia ser *não*.

Essa é a Regra dos 90%, aplicável a praticamente todos os dilemas ou decisões. Na hora de avaliar, pense no critério mais importante da escolha e, simplesmente, dê a cada opção uma nota de 0 a 100. Se a nota for menor que 90, mude-a automaticamente para 0 e rejeite a opção. Dessa maneira você evita se enredar na indecisão ou, pior, nas notas 60 ou 70.

Dominar essa habilidade essencialista exige que fiquemos vigilantes para admitir a realidade de perder para ganhar. Por definição, aplicar critérios extremamente seletivos é perder para ganhar; às vezes é preciso rejeitar uma opção que parece muito boa e ter fé de que a perfeita logo surgirá. Às vezes surge, outras, não, mas a questão é que o simples ato de aplicar critérios seletivos nos força a escolher qual opção perfeita vamos esperar, em vez de deixar que os outros ou o universo escolham por nós. Como qualquer habilidade essencialista, ela nos força a tomar decisões de caso pensado e não por omissão.

O benefício dessa abordagem ultrasseletiva para a tomada de decisões em todas as áreas da vida é claro: quando os critérios de seleção são muito amplos, acabamos nos comprometendo com opções demais. Além disso, dar valores numéricos simples às opções nos obriga a tomar decisões de forma consciente, lógica e racional em vez de impulsiva ou emocionalmente. Sim, é preciso disciplina para aplicar critérios rígidos. Mas não aplicá-los sai muito mais caro.

Os não essencialistas aplicam critérios implícitos às decisões que tomam, tanto na vida pessoal quanto na profissional. Por exemplo, ao decidir que projetos aceitar no trabalho, o não essencialista pode agir de acordo com o seguinte critério implícito: "Se o gerente pediu, tenho que fazer." Ou com este mais amplo: "Se alguém me pedir, tenho que tentar fazer." Ou com outro mais amplo ainda: "Se na empresa outros estão fazendo, tenho que fazer." Numa época em que, graças às redes sociais, temos uma consciência muito maior do que os outros fazem, esse último critério pode criar um fardo pesadíssimo, por ampliar todas as atividades não essenciais que "temos" que fazer.

Não essencialista	**Essencialista**
Diz sim a quase todos os pedidos ou oportunidades	Só diz sim a 10% das melhores oportunidades
Usa critérios amplos e implícitos como: "Se alguém que conheço está fazendo, tenho que fazer."	Usa critérios rígidos e explícitos como: "Isso é *exatamente* o que procuro?"

Certa vez, uma equipe de executivos com que trabalhei identificou três critérios para decidir quais projetos pôr em prática. Mas, com o tempo, estes critérios foram ficando cada vez mais indiscriminados e, finalmente, o portfólio de projetos da empresa parecia ter como único critério "algum cliente pediu isso". Como consequência, a motivação da equipe despencou, e não só porque seus integrantes estavam sobrecarregados por terem assumido muita coisa. Foi também porque nenhum projeto parecia se justificar e não havia muita noção de propósito. O pior é que agora era difícil se destacar no mercado, porque o trabalho que antes ocupara um nicho único e lucrativo se tornara generalizado demais.

Só com o esforço de identificar critérios rígidos eles conseguiram se livrar dos 70% e 80% que desperdiçaram tempo e recursos e se concentrar no trabalho mais interessante que lhes dava mais destaque no mercado. Além disso, esse sistema conferiu aos funcionários o poder de escolher os projetos aos quais poderiam oferecer sua contribuição máxima; se antes ficavam à mercê de decisões aparentemente arbitrárias da gerência, agora tinham voz.

Tornar os critérios seletivos e explícitos nos proporciona uma ferramenta sistemática para discernir o que é essencial e eliminar o que não é.

Seletivos, explícitos e também corretos

Mark Adams, diretor administrativo da fabricante de móveis Vitsoe, passou mais de 30 anos aplicando deliberadamente critérios seletivos a seu trabalho.

A indústria moveleira é famosa por produzir um elevado volume de mercadorias: a cada estação há uma oferta imensa de novas cores e novos estilos. Mas durante décadas a Vitsoe ofereceu um único produto: o 606 Universal Shelving System, um sistema universal de estantes modulares. Isso porque a Vitsoe tem padrões muito específicos, e o 606 Universal Shelving System é o único produto que atende a esses padrões.

O 606 System exemplifica a ética essencialista de "menos porém melhor" discutida no primeiro capítulo e defendida por Dieter Rams. Isso não é coincidência, visto que o 606 Universal Shelving System foi projetado por ele. E os critérios de contratação da Vitsoe são ainda bastante seletivos.

A empresa começa com o pressuposto básico de que prefere ficar com a equipe incompleta a contratar rapidamente a pessoa errada. E assim, quando procuram novos funcionários, usam um processo de seleção rigoroso e sistemático. Primeiro, entrevistam a pessoa por telefone. Isso é proposital, porque querem afastar todas as interferências visuais ao formar a primeira impressão. Além disso, querem ouvir como o futuro funcionário se comporta ao telefone e se é suficientemente organizado para encontrar um lugar tranquilo na hora marcada para a ligação. Muitos são eliminados nesse estágio.

Em segundo lugar, o candidato é entrevistado por várias pessoas da empresa. Caso seja aprovado em todas as entrevistas, é convidado a passar um dia trabalhando com a equipe. Depois, a gerência manda um questionário ao grupo perguntando o que achou do candidato. Mas, em vez de coisas óbvias, ela pergunta: "O candidato iria realmente gostar de trabalhar aqui?" e "Adoraríamos trabalhar com ele?". Nenhuma oferta é feita nesse momento e não há compromisso por parte do candidato. O objetivo é permitir que ambos os lados se vejam da forma mais franca possível. Se houver compatibilidade, o candidato prosseguirá pelas últimas entrevistas e talvez receba uma oferta de emprego. Se a equipe não tiver certeza absoluta, a resposta será não.

Certa vez alguém concorreu a uma vaga na equipe de instalação de estantes. É um papel importante, pois os instaladores são o rosto visível do produto e da empresa. O candidato em questão fez um bom serviço instalando o sistema de prateleiras. Mas depois, na conversa com Mark, a equipe se mostrou preocupada. No fim do dia, quando foram guardar as ferramentas, o candidato apenas jogou as dele na caixa e fechou a tampa. Para mim e para você, pode parecer uma infração pequena, que talvez nem valesse a pena mencionar e muito menos manchar um dia inteiro de trabalho sem outras falhas. Mas para a equipe significou um descuido que não combina com a visão que tinham da pessoa ideal para o serviço. Mark escutou, concordou e depois disse educadamente ao candidato que ele não se encaixava na cultura da Vitsoe. Para Mark e sua equipe:

Se não for um *sim* óbvio, então é um *não* óbvio.

No entanto, reforçar o processo de filtragem altamente seletivo é mais do que uma reação visceral (embora esta também seja importante). Na verdade, a decisão que pode parecer arbitrária resulta de uma abordagem constante e disciplinada para perceber o que dá certo e o que não dá. Por exemplo, eles aprenderam que é alta a correlação entre a intensidade com que alguém brincou com Lego quando criança e sua compatibilidade com a cultura Vitsoe. Essa conclusão não veio do nada. Com o passar dos anos, eles experimentaram todo tipo de coisa; algumas ficaram, muitas não.

A equipe também usa um conjunto de critérios explícitos para fazer a avaliação. O principal deles é: "Essa pessoa se encaixaria de forma absolutamente natural?" É por isso que o processo de seleção foi projetado com tantas entrevistas, que a experiência do dia de trabalho foi desenvolvida e que o questionário com o grupo foi realizado. Como qualquer verdadeiro essencialista, eles tentam reunir informações relevantes para tomar uma decisão de forma embasada, calculada e deliberada.

Aaron Levie, presidente da Box, tem um critério semelhante para contratar. Ele simplesmente se pergunta se quer trabalhar todo dia com aquela pessoa. E explica: "Um dos modos de pensar nisso é indagar: essa pessoa poderia ter sido um dos membros fundadores da equipe?" Caso a resposta seja sim, ele sabe que encontrou alguém que se encaixará perfeitamente.[2]

A oportunidade bate à porta

Ser seletivo ao decidir que oportunidade será aproveitada pode ficar bem mais difícil quando ela nos chega sem aviso. Pode ser que surja uma oferta de emprego inesperada; um projeto secundário que não tenha muito a ver com o que fazemos, mas que garanta dinheiro fácil. Talvez alguém nos peça ajuda com algo que adoramos fazer, mas que não será remunerado; ou que um amigo indique um pacote de viagem para um lugar que não estava no topo da nossa lista mas que está com um desconto imperdível. O que fazer?

Nesses casos, o medo de perder alguma coisa assume força total. Como dizer não? A oferta está ali, à mão. Talvez nunca fôssemos atrás dela, mas agora ficou tão fácil que pensamos no caso. Porém, se dissermos sim só pela facilidade, corremos o risco de depois, ter que dizer não a coisas mais importantes.

Essa era a situação de Nancy Duarte ao montar um escritório de assessoria de comunicação. Em 2000, a empresa era uma agência que fazia de tudo: da criação de identidade corporativa e desenvolvimento de impressos e sites a projetos de apresentações. Mas, sem uma especialidade que a diferenciasse, o escritório começou a ficar muito parecido com as outras assessorias.

Então Nancy leu *Empresas feitas para vencer*, de Jim Collins, livro no qual o autor defende que, se existe alguma coisa que nos apaixona e na qual somos os melhores, só deveríamos fazer *essa única coisa*. Foi quando ela percebeu que a verdadeira oportunidade de diferenciar a empresa poderia ser se concentrar no tipo de trabalho que ninguém no setor queria fazer: elaborar apresentações.

Ao se concentrar em seu maior diferencial, o escritório poderia criar conhecimento, ferramentas e especialização e se tornar a principal empresa de apresentações do mundo. Mas para conseguir isso teriam que dizer não a todo o resto – mesmo num período econômico ruim e quando lhes oferecessem ótimos valores por outros serviços. Esse seria o preço de se destacar. Em outras palavras, teriam que ser mais seletivos nos serviços que aceitavam e canalizar toda a energia para se sobressair na área que se tornara sua especialidade.

Existe um processo simples e sistemático para aplicar critérios seletivos às oportunidades que surgirem no seu caminho. Em primeiro lugar, descreva a oportunidade. Em seguida, faça uma lista de três "critérios mínimos" que as opções devem atender para serem consideradas. Depois, faça uma lista de três "critérios rígidos" ou ideais. Por definição, se a oportunidade não passar no primeiro conjunto de critérios a resposta é, obviamente, não. E se também não passar por *dois dos três* critérios rígidos, a resposta continuará sendo não.

oportunidade Que oportunidade está sendo oferecida a você?			
mínimos Quais são os critérios mínimos para a opção ser considerada?			
rígidos Quais são os critérios ideais para que essa opção seja aprovada?			

A melhor pizza do Brooklyn

Aplicar critérios mais estritos às grandes decisões da vida nos permite aproveitar melhor o sofisticado mecanismo de busca do cérebro. É como a diferença entre buscar na internet os termos "bom restaurante em Nova York" e "melhor pizza do Brooklyn". Quando procuramos uma "boa oportunidade de carreira", o cérebro nos apresenta dezenas de páginas para explorar e examinar. Em vez disso, experimente fazer uma busca avançada com três perguntas: "O que me apaixona profundamente?", "O que aproveita melhor o meu talento?" e "O que atende a uma necessidade importante do mundo?". Naturalmente, não haverá tantas páginas como resultado, mas esta é a razão do exercício. Não procuramos uma série de coisas boas para fazer. Estamos atrás daquela através da qual podemos dar nossa maior contribuição.

Foi dessa maneira que Enric Sala encontrou sua verdadeira vocação.[3] No início da carreira, ele era professor do prestigiado Instituto Scripps de Oceanografia, em La Jolla, na Califórnia. Mas não conseguia se livrar da sensação de que aquela opção ficava apenas em segundo lugar em relação ao caminho que deveria seguir. Um dia, largou o mundo acadêmico e foi trabalhar na *National Geographic*. Com o sucesso que obteve, surgiram oportunidades novas e interessantes em Washington que, mais uma vez, o deixaram com a sensação de que estava perto da carreira certa, mas ainda não a alcançara. Como costuma acontecer com gente motivada e ambiciosa, o êxito o impedia de enxergar seu propósito com clareza.

Desde o momento em que vira Jacques Cousteau a bordo do famoso *Calypso*, Enric sonhava em mergulhar nos oceanos mais lindos do mundo. Assim, depois de alguns anos, quando uma oportunidade de ouro se apresentou, ele mudou de marcha outra vez para exercer a função através da qual poderia de fato dar a máxima contribuição: explorador residente da *National Geographic*, passando parte significativa do tempo mergulhando nos locais mais remotos, ao mesmo tempo que usava seu talento na ciência e na comunicação para influenciar políticas em escala global. O preço do emprego dos sonhos foi dizer não às muitas oportunidades paralelas que encontrou, boas e até muito boas, e esperar aquela à qual poderia dizer sim com entusiasmo. E a espera valeu a pena.

Enric é um daqueles exemplos relativamente raros de gente

que faz um trabalho que adora, que aproveita seu talento e que atende a uma necessidade importante do mundo. Seu principal objetivo é ajudar a criar algo equivalente aos parques nacionais para proteger os últimos lugares intocados do oceano – uma contribuição realmente essencial.

eliminar

Como excluir as muitas coisas triviais?

ELIMINAR

Como excluir o trivial?

Pense de novo na metáfora do armário que usamos no primeiro capítulo. Nesta altura do livro, você já verificou tudo o que está pendurado ali. As roupas foram divididas nas pilhas "manter" e "descartar". Mas você realmente está pronto para pôr a pilha "descartar" numa sacola e se desfazer dela?

Em outras palavras, não basta determinar quais são as atividades e iniciativas que não dão a máxima contribuição possível para sua meta; ainda é preciso eliminá-las ativamente. A Terceira Parte deste livro mostrará como eliminar o que não é essencial para oferecer um nível mais alto de contribuição àquilo que é realmente vital. Você também vai aprender a fazer isso de maneira a conquistar mais respeito de colegas, chefes, clientes e profissionais do ramo.

Livrar-se das roupas velhas não é fácil. Afinal de contas, ainda há aquela relutância, aquele medo inoportuno: e se daqui a alguns anos você se arrepender de ter doado determinada peça? Essa sensação é normal; estudos mostram que tendemos a dar às coisas que já possuímos um valor maior do que têm e, portanto, achamos mais difícil nos livrar delas. Se ainda não está disposto a se separar daquela peça de roupa tão querida, faça a si mesmo a pergunta definitiva: "Se eu ainda não tivesse esta peça, quanto gastaria para comprá-la?" Do mesmo modo, na vida a pergunta decisiva a fazer para decidir quais atividades você deve eliminar é: "Se essa oportunidade não tivesse surgido, o que eu estaria disposto a fazer para consegui-la?"

É claro que arranjar disciplina para dizer não às oportunidades – em geral muito boas – que nos aparecem no trabalho e na vida é infinitamente mais difícil do que descartar as roupas velhas do armário. Mas é preciso encontrá-la, porque sempre que você deixar de dizer não a alguma coisa não essencial, estará dizendo sim por omissão.

Portanto, depois de explorar suficientemente as opções, a pergunta que deve se fazer não é: "Da minha lista de prioridades conflitantes, a qual delas devo dizer sim?" Em vez disso, faça a pergunta essencial: "A qual delas direi não?" Essa é a indagação que revelará sua verdadeira prioridade, o melhor caminho para o progresso da equipe. A resposta a ela identificará seu verdadeiro propósito e o ajudará a atingir seu nível máximo de contribuição, não só às metas próprias como à missão da empresa. As reflexões que surgirem darão a clareza necessária para obter, na carreira e na vida, avanços revolucionários.

CAPÍTULO 10

ESCLARECER

Uma decisão que vale por mil

SEGUIR UMA META SEM HESITAR:
EIS O SEGREDO DO SUCESSO.

— *Anna Pavlova, bailarina russa*

Vamos começar com um jogo. Você vai ler a seguir declarações de missão de três empresas. Tente ligar cada empresa à sua declaração.[1]

EMPRESA	DECLARAÇÃO DE MISSÃO
1 AGCO Grande fabricante e distribuidora de equipamentos agrícolas, como tratores, colheitadeiras, pulverizadores, equipamentos de fenação e forragem, implementos e equipamentos de preparo do solo.	**A** Crescimento financeiro por meio de um nível superior em atendimento ao consumidor, inovação, qualidade e compromisso.
2 DOVER CORPORATION Fabricante de veículos como caminhões de lixo e eletrônicos como impressoras a jato de tinta e placas de circuito eletrônico.	**B** Ser o líder em todos os nossos mercados, para o bem dos clientes e dos acionistas.
3 DEAN FOODS CORPORATION Empresa alimentícia, fabricante de laticínios e derivados de soja.	**C** O objetivo primário da empresa é maximizar a rentabilidade a longo prazo dos acionistas, obedecendo à lei e seguindo os mais elevados padrões éticos.

Respostas: 1(A), 2(B) e 3(C)

Como você se saiu? Se não teve absolutamente nenhuma ideia de como resolver o exercício, você não foi o único. As declarações de missão bastante genéricas tornam a tarefa quase impossível. Essas afirmações vagas e exageradas não servem para o que deveriam servir: inspirar nos funcionários uma clara noção de propósito.

Esta parte do livro trata de como eliminar o que não é essencial para assegurar que dediquemos nossa energia às atividades mais significativas para nós. O primeiro tipo de item não essencial que vamos aprender a eliminar é, simplesmente, qualquer atividade que não esteja alinhada com o que pretendemos alcançar. Parece óbvio, mas para conseguir isso é preciso ter muita clareza de propósito.

De "claro o bastante" a "realmente claro"

Os executivos com quem trabalho costumam dizer que o propósito da empresa é "claro o bastante". Mas qualquer pessoa que use óculos sabe que há uma grande diferença entre claro o bastante e realmente claro. Parece que o mesmo se aplica à estratégia profissional dos indivíduos. Quando pergunto "O que você quer alcançar na carreira nos próximos cinco anos?", ainda fico perplexo com o pequeno número de pessoas capazes de me dar uma boa resposta.

Isso teria menos importância se a clareza de propósitos não estivesse tão ligada ao modo como as pessoas fazem seu serviço. Trabalhando com equipes de executivos, fico surpreso ao ver o que acontece quando o que pretendem obter para a empresa não está totalmente claro.

Em termos de dinâmica humana, paga-se um preço por isso. A motivação e a cooperação se deterioram quando não há um propósito definido. É possível oferecer treinamento em qualquer que seja a área para melhorar as habilidades dos líderes, mas, se a equipe não tiver clareza quanto a metas e papéis a desempenhar, os problemas vão crescer e se multiplicar.

Essa não é apenas a minha teoria ou algo que li em qualquer livro de negócios. Depois de coletar dados de mais de 500 pessoas sobre a experiência delas em equipes, descobri uma realidade constante: quando existe uma falta grave de clareza a respeito do que a equipe representa, de suas metas e de seus papéis, os funcionários ficam confusos, estressados e frustrados. Por outro lado, quando o nível de clareza é alto as pessoas prosperam.

Sem foco, há desperdício de tempo e energia nas muitas trivialidades. Se o objetivo está claro, porém, todos são capazes de alcançar mais progresso e inovação nas áreas verdadeiramente vitais. Em minha experiência, notei dois padrões comuns que costumam surgir quando falta clareza de propósito às equipes:

1º PADRÃO: O JOGO POLÍTICO

Neste caso, a equipe se concentra demais em conquistar a atenção do gestor. O problema é que quem não conhece o objetivo do jogo não sabe como vencer, e em consequência, enquanto disputa os favores do gerente, as pessoas inventam seu próprio jogo, com regras próprias. Em vez de concentrar tempo e energia em dar um alto nível de contribuição, esforçam-se para tentar aparecer mais do que os colegas, demonstrar a própria importância e reproduzir cada ideia ou sentimento do chefe. Esse tipo de atividade, além de não essencial, é prejudicial e contraproducente.

Fazemos algo semelhante também na vida pessoal. Quando não temos clareza de nosso verdadeiro propósito na vida – em outras palavras, quando não temos uma noção clara de nossas metas, nossas aspirações e nossos valores –, criamos jogos sociais próprios.

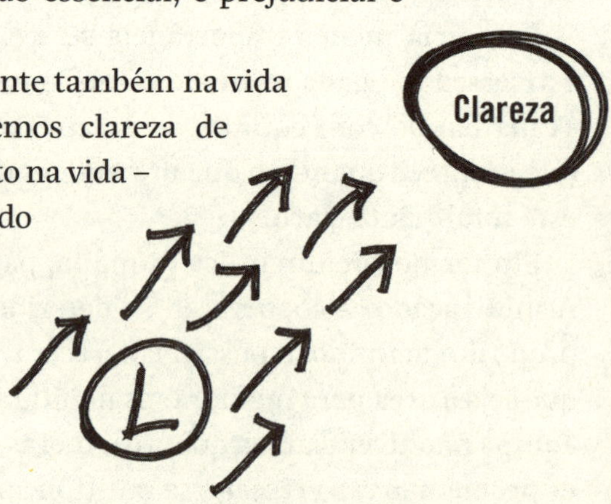

Desperdiçamos tempo e energia tentando parecer melhores que os outros. Supervalorizamos coisas não essenciais, como uma casa ou um carro mais bonitos, e até coisas intangíveis, como o número de seguidores no Twitter ou o fato de sair bem nas fotos do Facebook. Em consequência, negligenciamos atividades realmente essenciais, como passar mais tempo com aqueles que amamos, alimentar o espírito ou cuidar da saúde.

2º PADRÃO: TUDO É BOM

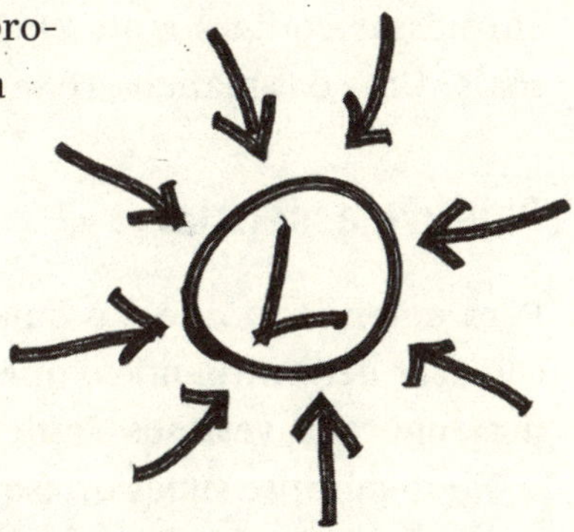

No segundo padrão, equipes sem propósito se sentem sem liderança. Na falta de orientações claras, as pessoas buscam coisas que promovem interesses pessoais de curto prazo, sem refletir se essa atividade ajuda a missão a longo prazo da equipe como um todo. Muitas vezes essa atividade é bem-intencionada, e algumas podem até ser essenciais em nível pessoal. Mas, no trabalho em equipe, muitos projetos disparatados sem relação entre si nada acrescentam ao nível máximo de contribuição do grupo. Equipes que funcionam assim parecem dar cinco passos atrás a cada passo adiante.

Da mesma maneira, quando se envolvem em muitas atividades disparatadas, ainda que boas, os indivíduos podem não cumprir sua missão essencial. Uma das razões para isso é que as atividades não funcionam em conjunto e, assim, não se somam para formar um todo significativo. Por exemplo, cursar cinco faculdades diferentes, sem se formar, não é o mesmo que ter um diploma de nível superior. Do mesmo modo, cinco empregos diferentes em cinco áreas não fazem uma carreira avançar muita coisa. Sem clareza e propósito, buscar algo só porque é bom não é o suficiente para você chegar ao topo.

Por outro lado, quando as equipes têm real clareza de propósito e do papel de cada indivíduo, é admirável o que acontece com a dinâmica do grupo. Todos ganham um novo ímpeto, e as contribuições se acumulam para o bem da equipe como um todo.

Portanto, como obter clareza de propósito em nossas equipes e até em nossas realizações pessoais? Uma das maneiras é se decidir por um objetivo essencial.

Objetivo essencial

Para entender o que é o objetivo essencial, talvez seja melhor começar determinando o que ele *não* é.[2] Para explicar de forma mais apurada, vejamos o esquema da página a seguir.

No quadrante superior esquerdo, temos declarações de visão e missão como "Queremos mudar o mundo": declarações que *soam* inspiradoras, mas que são tão gerais que quase sempre são ignoradas. No quadrante inferior esquerdo, temos um conjunto de valores vagos e gerais, como "inovação", "liderança" e "trabalho em equipe", geralmente superficiais e genéricos demais para inspirar paixão. No quadrante inferior direito, temos objetivos trimestrais de curto prazo a que damos atenção, como "aumentar o lucro 5% em relação ao ano passado"; essas táticas de curto prazo podem ser bastante concretas e chamar a atenção, mas geralmente não inspiram.

O objetivo essencial, por outro lado, é ao mesmo tempo concreto e inspirador, mensurável e significativo. Corretamente elaborado, o objetivo essencial é uma decisão que resolve mil decisões posteriores. É como resolver ser médico em vez de advogado. Uma escolha estratégica elimina um universo de outras opções e mapeia o curso dos próximos 5, 10 ou mesmo 20 anos de

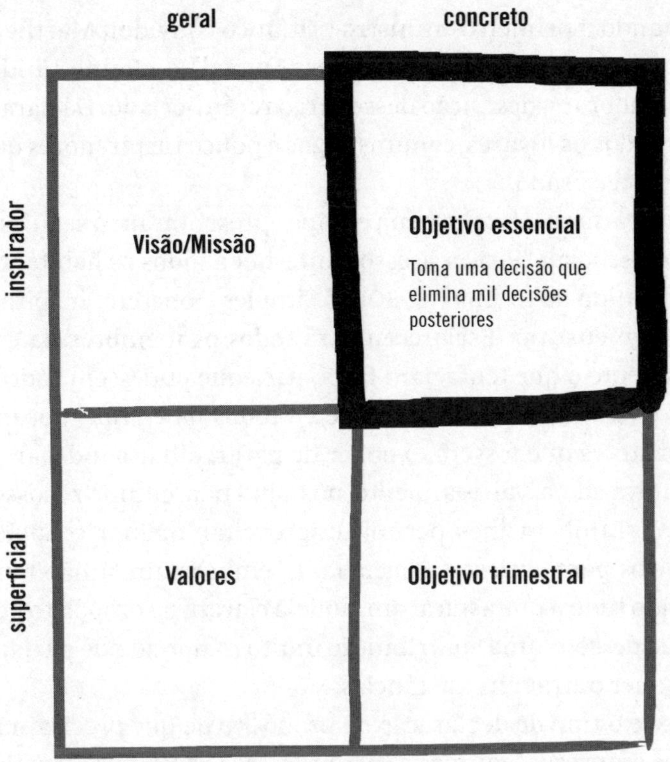

vida. Depois que a grande decisão é tomada, todas as subsequentes ficam mais nítidas.

Não essencialista	Essencialista
Tem uma declaração de missão ou visão vaga e genérica	Tem uma estratégia concreta e inspiradora
Tem objetivos trimestrais concretos que deixam de inspirar ou estimular para que todos levem o esforço a um patamar mais alto	Tem um objetivo ao mesmo tempo significativo e memorável
Tem um conjunto de valores, mas nenhum princípio condutor para implementá-los	Toma uma decisão que elimina mil decisões posteriores

Quando o primeiro-ministro britânico convidou Martha Lane Fox para ser a primeira "Defensora Digital" do Reino Unido, ela pôde elaborar a descrição desse cargo recém-criado. Dá para imaginar todos os lugares-comuns vagos e pouco inspiradores que ela poderia ter usado.

Em vez disso, Martha e sua equipe apresentaram o seguinte objetivo essencial: "Prover acesso à internet a todos os habitantes do Reino Unido até o final de 2012." Simples, concreto, inspirador e fácil de mensurar. Esclareceu para todos os membros da equipe exatamente o que tentariam fazer, para que pudessem coordenar ações e eliminar tudo o mais. Deu a todos na equipe, por menos importantes que fossem, o poder de parar, olhar e indagar: "Mas essa nova ideia vai realmente nos ajudar a cumprir nosso objetivo?" Também lhes permitiu aproveitar melhor o apoio dos parceiros para acelerar a jornada. E, embora ainda não tenham atingido tudo a que aspiravam, aquela clareza de propósito permitiu que dessem uma contribuição muito maior do que dariam em quaisquer outras circunstâncias.

Esse é o tipo de declaração de propósito de que precisamos em nossas empresas, equipes e carreiras. Mas como nós mesmos podemos elaborar uma declaração de propósito ao mesmo tempo concreta e inspiradora, significativa e memorável?

PARE DE ENFEITAR O TEXTO E COMECE A DECIDIR

No desenvolvimento de declarações de propósito – para a empresa, a equipe ou para si mesmo –, muita gente tende a se prender a detalhes estilísticos triviais como "Devemos usar esta ou aquela palavra?". Mas isso aumenta o risco de recair em lugares-comuns sem significado e clichês que levam a declarações vagas e inexpressivas como as que citei no começo do capítulo. Um objetivo essencial não precisa ser redigido com elegância; o que conta é o conteúdo, não o estilo. Portanto, faça a pergunta mais essencial que vai configurar todas as decisões futuras: "Se só pudéssemos ser verdadeiramente excelentes numa coisa, qual seria ela?"

RESPONDA A PERGUNTAS CONCRETAS

Dito isso, na hora de obter clareza de propósito, a inspiração é, sim, importante. Quando pensamos em inspiração, costumamos ter em mente uma retórica sofisticada. Mas embora a retórica possa mesmo inspirar, é preciso lembrar que os objetivos concretos também têm o poder de inspirar e elevar. Em parte, um forte objetivo essencial é inspirador por ser completo o bastante para responder à pergunta: "Como saber que tivemos sucesso em sua elaboração?"

Quem me deu um exemplo brilhante disso foi o professor Bill Meehan, que passou 30 anos na empresa de consultoria McKinsey. Hoje ele dá um curso chamado "Gestão estratégica de entidades sem fins lucrativos" na Stanford School of Business. Quando fiz o curso como aluno de pós-graduação, um dos trabalhos que ele nos passou foi avaliar as declarações de visão e missão de algumas ONGs.

Enquanto examinávamos mais de 100 exemplos, observamos que, na verdade, algumas das mais grandiosas eram as menos inspiradoras. Por exemplo, uma delas afirmava a missão de "eliminar a fome do mundo", mas, como havia apenas cinco pessoas na entidade, a frase soava vazia. Então, em meio a tantas declarações fracas, surgiu uma que todos entendemos imediatamente e nos inspirou. Foi feita por alguém um tanto inesperado: o ator e empreendedor social Brad Pitt. Preocupado com a falta de avanço na reconstrução de Nova Orleans depois do furacão Katrina, ele fundou uma entidade chamada "Make It Right" (Faça direito), com o objetivo essencial de "construir 150 casas baratas, ecológicas e resistentes a tempestades para famílias que moram no Lower 9th Ward". Essa declaração nos deixou sem fala. A concretude da meta a tornava real. A realidade a tornava inspiradora. E ela respondia à pergunta: "Como saber que tivemos sucesso em sua elaboração?"

Viver com objetivo

O objetivo essencial vai muito além da descrição de cargos ou da declaração de missão da empresa; ele orienta a noção mais ampla de propósito e ajuda a mapear o caminho da sua vida. Por exemplo, Nelson Mandela passou 27 anos na prisão tornando-se essencialista. Em 1962, quando foi preso, quase tudo lhe foi tirado: o lar, a reputação, o orgulho e, é claro, a liberdade. Ele escolheu usar aqueles anos para se concentrar no que era realmente essencial e eliminar o resto, inclusive o próprio ressentimento. E seu objetivo essencial passou a ser acabar com o apartheid da África do Sul. Ao fazer isso, deixou um legado que continua vivo até hoje.

Criar um objetivo essencial é difícil. Exige coragem e percepção para saber quais atividades e iniciativas se somarão para levar aquele que executá-las ao ponto máximo de contribuição. É preciso fazer perguntas delicadas, abrir mão de coisas importantes e exercer uma disciplina rígida para excluir prioridades concorrentes que nos distraem da verdadeira intenção. Mas o esforço vale a pena, porque somente com clareza de propósito as pessoas, equipes e organizações se mobilizam totalmente e conseguem alcançar a verdadeira excelência.

CAPÍTULO 11

OUSAR

O poder de um "não" elegante

CORAGEM É A ELEGÂNCIA SOB PRESSÃO.

— *Ernest Hemingway*

O "não" certo dito na hora certa pode mudar o rumo da História.

Na década de 1950, em Montgomery, a recusa silenciosa mas resoluta de Rosa Parks a ceder seu lugar num ônibus em que negros e brancos ficavam separados, feita no momento certo, levou à união de forças que aceleraram o movimento americano pelos direitos civis. Como ela recorda: "Quando o motorista me viu ainda sentada, perguntou se eu não ia me levantar, e respondi: 'Não, não vou.'"[1]

Ao contrário da crença popular, o "não" corajoso dela não nasceu de alguma tendência especialmente assertiva nem de sua personalidade em geral. Quando se tornou secretária do presidente do escritório da NAACP – Associação Nacional para o Progresso de Pessoas de Cor –, em Montgomery, ela explicou: "Eu era a única mulher lá, eles precisavam de uma secretária e fui tímida demais para dizer não."[2]

Na verdade, sua decisão no ônibus nasceu da profunda convicção da escolha que quis fazer naquele momento. Quando o motorista do ônibus ordenou que ela se levantasse do banco, ela disse que sentiu uma determinação cobrir seu corpo "como uma colcha de retalhos numa noite de inverno".[3] Rosa não sabia que sua decisão deflagraria um movimento com reverberações pelo mundo inteiro. Mas sabia o que passava pela sua mente. Acreditava, mesmo na hora em que foi presa, que "seria a última vez que passaria por aquele tipo de humilhação".[4] Evitar a humilhação valia o risco de ser presa. Na verdade, para ela era essencial.

A atitude de Rosa Parks inspirou e continua a inspirar muita gente. Podemos pensar nela quando precisarmos de coragem para ousar dizer não. A força da convicção dela será um exemplo quando tivermos que defender nossa posição diante da pressão social de ceder ao que não é essencial.

Você já sentiu certa tensão ao precisar optar entre o que achava certo e o que alguém insistia que fizesse? Já percebeu incompatibilidade entre sua convicção íntima e uma ação externa? Já disse sim apenas para evitar atritos? Já se sentiu amedrontado ou tímido demais para recusar um convite ou pedido de chefes, colegas, amigos, vizinhos ou familiares por medo de desapontá-los? Se já passou por isso, você não é o único. Enfrentar esses momentos com coragem e dignidade é uma das habilidades mais importantes que você precisa dominar para se tornar essencialista – e uma das mais difíceis.

No processo para escrever este livro, quanto mais profundamente eu examinava o tema do essencialismo, com mais clareza via que a coragem é o segredo do processo de eliminação. Sem coragem, a busca disciplinada por menos não passa de conversa fiada, é superficial. Qualquer um pode falar da importância de se concentrar no que é mais importante, mas é raro encontrar quem ouse viver assim.

Digo isso sem juízo de valor. Há boas razões para ter medo de dizer não. Tememos perder grandes oportunidades. Receamos complicar a situação, desfazer laços. Não suportamos a ideia de decepcionar alguém que respeitamos e amamos. Nada disso faz de nós uma má pessoa. É parte natural do que nos torna humanos. Mas, por mais difícil que seja dizer não a alguém, se não o fizermos poderemos perder algo muito mais importante.

Certa vez, uma mulher chamada Cynthia me contou uma história da época em que o pai planejava levá-la para sair à noite em São Francisco. Cynthia, então com 12 anos, e o pai vinham planejando esse evento havia meses. Tinham todo o itinerário traçado minuto a minuto: ela assistiria à última hora da palestra dele e o encontraria nos fundos da sala por volta das 16h30, e os dois sairiam depressa, antes que alguém tentasse conversar com ele. Pegariam o bonde para Chinatown, jantariam comida chinesa (a favorita dos dois), comprariam suvenires, passeariam por algum tempo, iriam ver um filme. Depois pegariam um táxi de volta ao hotel, dariam um mergulho rápido na piscina, pediriam um sundae com cobertura de chocolate quente e assistiriam à TV tarde da noite. Eles discutiram os detalhes várias vezes antes do grande dia. A expectativa fazia parte da experiência como um todo.

Tudo andou de acordo com o plano até que, quando saíam do centro de convenções onde havia sido a palestra, o pai encontrou um velho amigo da faculdade e ex-sócio. Fazia anos que não se viam, e Cynthia observou os dois se abraçarem com entusiasmo.

O amigo disse:

– Fiquei muito contente quando soube que agora você está trabalhando para nossa empresa. Quero convidar você, e Cynthia, é claro, para um jantar espetacular de frutos do mar no Wharf! O que acham?

– Bob, que maravilha encontrar você! – exclamou o pai dela. – Eu adoraria jantar no Wharf!

Cynthia se entristeceu. Seus devaneios com passeios de bonde e sorvetes evaporaram no mesmo instante. Além disso, ela detestava frutos do mar, e podia imaginar o tédio que seria ficar escutando conversa de adultos a noite toda. Mas aí o pai continuou:

– Só que hoje não dá. Eu e Cynthia planejamos uma programação especial, não foi?

Ele deu uma piscadela para a filha, pegou a mão dela e os dois saíram correndo pela porta, partindo para começar aquela noite inesquecível em São Francisco.

O pai de Cynthia era o conferencista motivacional Stephen R. Covey (autor de *Os 7 hábitos das pessoas altamente eficazes*), que morrera poucas semanas antes de Cynthia me contar essa história. E foi com profunda emoção que ela recordou aquela noite em São Francisco. "A decisão simples do meu pai estabeleceu uma conexão eterna entre nós, porque vi que o que mais importava para ele era eu!", disse ela.[5]

Stephen R. Covey, um dos gurus de gestão mais lidos e respeitados de sua geração, era essencialista. Além de ensinar rotineiramente, a líderes e chefes de Estado importantes do mundo inteiro, princípios essencialistas como "O principal é manter o principal como principal", ele os colocava em prática.[6] E, naquele momento em que os viveu com a filha, criou uma lembrança que sobreviveu a ele. Vista em perspectiva, sua decisão parece óbvia. Mas, em seu lugar, muitos teriam aceitado o convite por medo de parecerem grosseiros ou ingratos ou de perder a rara oportunidade de jantar com um velho amigo. Por que será que é tão difícil ousar escolher, *na hora*, o que é essencial em vez do que não é?

Uma resposta simples é: não temos clareza do que é essencial. Se não sabemos, ficamos indefesos. Por outro lado, quando temos forte uma clareza íntima, é quase como se houvesse um campo de força que nos protegesse das coisas não essenciais que vêm a nós de todas as direções. No caso de Rosa Parks, foi a profunda clareza moral que lhe deu a coragem incomum da convicção. No de Stephen, foi a clareza de sua visão dos momentos com a filha. Em praticamente todos os casos, a clareza do essencial nos alimenta com a força necessária para dizer não ao que não é essencial.

Essencialmente inadequado

Uma segunda razão para ser tão difícil escolher na hora o que é essencial é o medo simples e inato do mal-estar social. O fato é que, como seres humanos, sentimos necessidade de estar bem com os outros. Afinal de contas, milhares de anos atrás, quando todos vivíamos em tribos de caçadores-coletores, a sobrevivência dependia disso. E embora se conformar com o que os outros membros do grupo esperam de nós – o que os psicólogos chamam de conformidade normativa – não seja mais uma questão de vida ou morte, esse desejo ainda está profundamente entranhado.[7]

É por isso que a mera ideia de dizer não provoca grande desconforto, seja para um velho amigo que o convida para jantar, para o chefe que lhe pede que assuma um projeto importante de alto nível ou para a vizinha que lhe implora que ajude com o bazar para a igreja. Sentimos culpa. Não queremos deixar os outros na mão. Tememos prejudicar o relacionamento. Mas essas emoções atrapalham nossa clareza. Elas nos distraem da realidade de que podemos dizer não e nos arrepender por alguns minutos ou dizer sim e nos arrepender por dias, semanas, meses e até anos.

A única maneira de sair dessa armadilha é aprender a dizer não com firmeza, decisão e, ao mesmo tempo, delicadeza. Porque, assim que conseguirmos, descobriremos não só que o medo de desapontar ou irritar os outros era exagerado como também que esses outros, na verdade, passam a nos respeitar *mais*. Desde que me tornei essencialista, descobri a verdade quase universal de que as pessoas respeitam e admiram aqueles que têm coragem e convicção de dizer não.

Peter Drucker, o pai da administração moderna, também era um mestre da arte do não elegante. Quando Mihaly Csikszentmihalyi, professor húngaro muito conhecido pelo trabalho com o "fluxo", resolveu entrevistar uma série de indivíduos criativos para um livro sobre criatividade que estava escrevendo, a resposta de Drucker foi tão interessante para Mihaly que ele a citou literalmente:

> Fiquei muito honrado e lisonjeado com a gentileza de sua carta de 14 de fevereiro, pois admiro o senhor e seu trabalho há muitos anos e aprendi muito com ele. Porém, meu caro professor Csikszentmihalyi, temo ter que desapontá-lo. Eu não conseguiria responder às suas perguntas. Dizem que sou criativo – não sei o que

isso significa. Simplesmente trabalho com afinco. Espero que não me considere presunçoso ou rude se eu disser que um dos segredos da produtividade (na qual acredito, embora não acredite em criatividade) é ter um cesto de lixo MUITO GRANDE para cuidar de TODOS os convites como o seu; aprendi que produtividade consiste em NÃO fazer nada que ajude o trabalho dos outros e dedicar todo o tempo ao trabalho que o Bom Deus nos criou para fazer, e fazê-lo bem.[8]

Verdadeiro essencialista, Peter Drucker acreditava que as pessoas são eficazes porque dizem não.

Os não essencialistas dizem sim por pressão e por quererem se encaixar socialmente. Dizem sim de maneira automática, sem pensar, muitas vezes em busca da emoção de agradar a alguém. Mas os essencialistas sabem que, depois dessa emoção, vem a dor do arrependimento. Entendem que logo se sentirão agredidos e ressentidos, tanto com o outro quanto com eles mesmos. Por fim, despertarão para a realidade desagradável de que agora algo mais importante terá que ser sacrificado para acomodar o novo compromisso. É claro que a questão não é dizer não a todos os pedidos, mas dizer não aos pedidos não essenciais para podermos dizer sim ao que realmente importa. É dizer não com frequência e delicadeza, *menos* ao que é verdadeiramente vital.

Não essencialista	Essencialista
Evita dizer não para não precisar lidar com a pressão e o mal-estar social	Ousa dizer não com firmeza, decisão e delicadeza
Diz sim a tudo	Só diz sim ao que realmente importa

E como aprender a dizer não com delicadeza? Conheça algumas diretrizes gerais, seguidas de um número de roteiros específicos para dar um não elegante.

SEPARE A DECISÃO DO RELACIONAMENTO

Quando nos pedem alguma coisa, podemos confundir o pedido com nosso relacionamento com quem pede. Às vezes os dois parecem tão interligados que esquecemos que negar aquela solicitação específica não é o mesmo que negar a *pessoa*. Só depois de separarmos a decisão do relacionamento podemos tomar uma decisão clara e, então, encontrar coragem para transmiti-la.[9]

DIZER NÃO COM ELEGÂNCIA NÃO SIGNIFICA USAR A PALAVRA "NÃO"

Os essencialistas *escolhem* o não com mais frequência do que *dizem* não. Pode haver ocasiões em que a forma mais elegante de dizer não é com um *não* puro e simples. Desde uma resposta do tipo "Fico honrado por ter pensado em mim, mas temo ser incapaz de atendê-lo" à outra como "Adoraria, mas estou com a agenda lotada", há várias maneiras de recusar solicitações com clareza e boa educação sem usar a palavra não. Mais adiante neste capítulo há mais exemplos de como expressar uma resposta negativa com delicadeza.

CONCENTRE-SE NO QUE TERÁ QUE PERDER

Quanto mais pensamos em algo de que abrimos mão ao dizer sim a alguém, mais fácil é dizer não. Se não temos uma noção clara do custo da oportunidade – em outras palavras, o valor do que perderemos –, torna-se fácil cair na armadilha não essencial de dizer que conseguiremos fazer tudo. Não conseguiremos. O não elegante nasce do cálculo claro mas tácito de que é preciso perder para ganhar.

LEMBRE-SE DE QUE TODOS VENDEM ALGUMA COISA

Não quero dizer que não se deva confiar em ninguém, apenas que todos estão vendendo alguma coisa – uma ideia, um ponto de vista, uma opinião – em troca do seu tempo. Ter consciência do que está sendo vendido permite que sejamos mais resolutos ao decidir se queremos comprá-lo.

ACOSTUME-SE: EM GERAL, DIZER "NÃO" EXIGE TROCAR POPULARIDADE POR RESPEITO

Quando dizemos não, geralmente há um impacto de curto prazo sobre o relacionamento. Afinal de contas, quando a pessoa não consegue obter algo que pede, a reação imediata pode ser de irritação, desapontamento ou até raiva. Esse lado negativo é bastante claro. No entanto, o possível lado positivo não é tão óbvio assim: quando o incômodo, a decepção ou a raiva iniciais passam, surge o respeito. Quando posicionamos nossa recusa com eficácia, mostramos aos outros que nosso tempo é muito valioso. Essa postura distingue o profissional do amador.

Um bom exemplo desse efeito foi testemunhado pelo designer Paul Rand, que teve coragem de dizer não a Steve Jobs.[10] Quando quis um logotipo para a empresa NeXT, Jobs pediu a Rand, que tinha entre seus trabalhos os logotipos de empresas como IBM, UPS, Enron, Westinghouse e ABC, que lhe mostrasse algumas opções. Mas Rand não queria inventar "algumas opções". Queria criar uma única opção. E disse: "Não. Eu entrego uma solução e você me paga. E nem precisa usá-la. Se quer opções, converse com outras pessoas."

Não surpreende que Rand tenha resolvido o problema e criado o logotipo do cubo que Jobs queria, mas a verdadeira lição aqui é o efeito que a rejeição de Rand causou em Jobs, que mais tarde disse a respeito do designer: "Ele é uma das pessoas mais profissionais com quem já trabalhei, no sentido de que pensa no relacionamento formal entre o cliente e um profissional como ele como um todo." Rand correu risco ao dizer não. Apostou a perda da popularidade a curto prazo contra um ganho de respeito a longo prazo. E saiu ganhando.

Os essencialistas aceitam que não podem ser populares com todo mundo o tempo todo. É claro que dizer não com respeito, sensatez e delicadeza pode ter um custo social a curto prazo, mas o essencialista entende que, a longo prazo, o respeito vale muito mais do que a popularidade.

LEMBRE-SE DE QUE UM NÃO CLARO PODE SER MAIS GENTIL DO QUE UM SIM VAGO OU SEM COMPROMISSO

Passar uma mensagem clara como "Essa eu passo" é muito melhor do que não responder ou dar falsas esperanças com respostas evasivas como "Tentarei dar um jeito" ou "Talvez eu possa" quando você sabe que não dará e não poderá. Ser vago não é ser gentil, e retardar o não final só vai torná-lo muito mais difícil – além de deixar o destinatário ressentido.

O repertório do não

Os essencialistas não dizem não de vez em quando. O não faz parte de seu repertório regular. Portanto, para que você sempre diga não com tato e gentileza é útil ter várias respostas possíveis para usar. Conheça alguns bons exemplos:

1. *A pausa embaraçosa.* Em vez de ser controlado pela ameaça de um silêncio desagradável, aproveite-o. Use-o como ferramenta. Quando receber um pedido, pare um instante. Conte até três antes de dar o veredito. Ou, se for um pouco mais ousado, simplesmente aguarde o outro preencher o vazio.

2. *O não suave (ou o "não, mas...").* Recentemente, recebi por e-mail um convite para um café. Respondi: "Agora estou muito ocupado escrevendo o meu livro. Mas adoraria me encontrar com você quando terminar. Veja se pode ser mais para o fim do verão."

O e-mail também é uma boa maneira de começar a praticar o "não, mas", porque nos dá a oportunidade de rascunhar várias vezes a recusa até ficar o mais delicada possível. Além disso, muita gente acha que a distância do e-mail reduz o medo do mal-estar.

3. *"Vou conferir a agenda e fico de lhe dar um retorno."* Uma líder que conheço percebeu que todo o seu tempo era consumido pelos outros, o dia inteiro. Uma não essencialista clássica, ela era competente, inteligente e incapaz de dizer não, e, em consequência, logo

virou aquela pessoa a quem todos recorriam. Em pouco tempo, se sentiu sobrecarregada com tantos compromissos. Mas tudo mudou quando ela aprendeu a tal frase sobre conferir a agenda. Essa simples ação lhe dava tempo de parar, refletir e, por fim, responder que, infelizmente, não tinha tempo disponível. Ela conseguiu recuperar o controle das decisões em vez de ser empurrada para dizer sim a tudo que lhe pediam.

4. *Mensagens de e-mail automáticas.* É bastante natural receber respostas automáticas quando alguém está de férias ou fora do escritório. Na verdade, esse é o não mais aceitável socialmente. A pessoa não está dizendo que não quer responder ao e-mail; ela só avisou que não poderá responder durante certo período. Então por que limitar essa solução às férias e às viagens a trabalho? Quando eu estava escrevendo este livro, programei uma resposta automática com a linha de assunto "Em modo monge". O texto dizia: "Caros amigos, estou trabalhando num novo livro que exige muito do meu tempo. Infelizmente não posso responder da maneira que gostaria. Peço desculpas. Greg." E quer saber? Todos pareceram se adaptar muito bem à ausência temporária e à falta de resposta.

5. *"Sim. Mas o que devo deixar de fazer em troca?"* Dizer não a um líder importante no trabalho é quase impensável. No entanto, quando dizer sim compromete a sua capacidade de dar o máximo de contribuição às tarefas, também é sua obrigação. Nesse caso, além de sensato, dizer não é essencial. Um modo eficaz de fazer isso é lembrar aos superiores o que teria que pôr de lado caso diga sim e levá-los a reconhecer e assumir essa concessão.

Por exemplo, caso seu gestor o procure e lhe peça que faça X, é possível responder com: "Tudo bem, posso priorizar isso. Quais dos outros projetos da empresa devo pôr de lado para dar atenção ao novo?" Ou, simplesmente: "Quero fazer um ótimo serviço e, por conta dos outros compromissos, não poderei fazer algo de alto nível se aceitar mais esse."

6. *Humor.* Recentemente, um amigo me pediu que treinasse com ele para uma maratona. Minha resposta foi simples: "Nem

que a vaca tussa!" Ele riu um pouco e comentou: "Ah, você pratica o que prega." Viu como é útil ter fama de essencialista?

7. *"Fique à vontade para executar X. Vou fazer Y."* Funciona assim: "Tudo bem, fique à vontade para usar meu carro. Vou deixar as chaves aqui para você." Com isso, você também diz: "Não vou levá-lo." Você está dizendo o que não fará, mas em termos daquilo que se dispõe a fazer. É um jeito muito bom para contornar pedidos que você gostaria de aceitar mas aos quais não pode dedicar todo o seu tempo.

Gosto especialmente dessa construção porque demonstra respeito pela capacidade do *outro* de escolher, e também pela sua. Lembra as opções disponíveis a ambos os lados.

8. *"Não posso, mas talvez Fulano se interesse."* É tentador pensar que nossa ajuda é valiosa e inigualável, mas geralmente quem pede algo não se importa com quem vai ajudar, desde que alguém ajude.

Kay Krill, que já foi diretora-executiva da Ann, Inc. (empresa mais conhecida pelas lojas de roupas femininas Ann Taylor e LOFT), costumava ter uma dificuldade enorme de recusar convites sociais. Em consequência, acabava comparecendo a eventos que não lhe interessavam.

Então, certo dia, um de seus mentores lhe disse que ela precisava aprender a se livrar de coisas e pessoas na vida que simplesmente não tinham importância, e que fazer isso lhe permitiria dedicar toda a energia às coisas significativas para ela. O conselho a libertou. Agora ela consegue selecionar e escolher. Com a prática, ficou fácil recusar um convite educadamente. Kay explica: "Digo não com muita facilidade porque sei o que é importante para mim. Só gostaria de ter aprendido isso antes."[11]

Dizer não tem a ver com a própria capacidade de liderança. Não é apenas um talento periférico. Como no caso de qualquer habilidade, começamos com pouca experiência. Então aprendemos algumas técnicas básicas. Cometemos erros. Aprendemos com eles. Desenvolvemos mais habilidade. Continuamos treinando. Não demora, e temos todo um repertório à disposição. Com o tempo, conquistamos o domínio de um tipo de arte social. Podemos lidar com quase qualquer pedido de quase qualquer pessoa com elegância e dignidade. Tom Friel, ex-diretor-executivo da Heidrick & Struggles, me disse certa vez: “Precisamos aprender a praticar o sim lento e o não rápido.”

Capítulo 12

DESCOMPROMETER-SE

Ganhe muito reduzindo prejuízos

Metade dos problemas da vida decorre de dizer sim depressa demais e não dizer não cedo o bastante.

— Josh Billings

O jato Concorde foi uma realização impressionante da engenharia aeronáutica. A bordo desse avião de passageiros, era possível voar de Londres a Nova York em apenas duas horas, 52 minutos e 59 segundos.[1] É menos da metade do tempo dos aviões tradicionais, o que fez do Concorde o avião de passageiros mais veloz do mundo.

Infelizmente, também foi um extraordinário fracasso financeiro. É claro que muitos produtos, ideias e inovações ótimos também o são. Mas o que o tornou diferente foi ter dado prejuízo durante *mais de quatro décadas*. E toda vez que fugia do orçamento, os governos francês e britânico despejavam mais e mais dinheiro no projeto. Fizeram isso mesmo sabendo que a probabilidade de recuperar o investimento constante, sem falar das despesas originais, era minúscula; com o número limitado de poltronas, as poucas encomendas e o custo elevado de produção da aeronave, era óbvio que, mesmo com estimativas exageradas, o projeto nunca seria lucrativo. Na verdade, ao serem liberados depois de 30 anos, os documentos do governo britânico revelaram que os ministros da época sabiam que o investimento "não se sustentava em bases econômicas normais".[2]

Por que autoridades inteligentes e capazes continuaram a investir numa proposta claramente fracassada durante tanto tempo? Uma das razões é um fenômeno psicológico muito comum chamado "influência dos custos perdidos".

A *influência dos custos perdidos* é a tendência de continuar investindo tempo, dinheiro e energia numa proposta que sabemos ser malsucedida só porque já gastamos um valor impossível de ser ressarcido. Isso pode facilmente se transformar em um círculo vicioso: quanto mais investimos, mais decididos ficamos a ver se dá certo e se o investimento rende. Quanto mais investimos em algo, mais difícil é deixá-lo para lá.

Os custos perdidos de desenvolver e construir o Concorde ficaram por volta de 1 bilhão de dólares. Mas quanto mais dinheiro os governos britânico e francês despejavam no projeto, mais difícil ficava se afastar e desistir.[3] Os indivíduos são igualmente vulneráveis a essa influência. Ela explica o fato de continuarmos a assistir a um filme horroroso só porque já pagamos pelo ingresso, por que continuamos a pôr dinheiro na reforma de uma casa que parece nunca terminar, por que continuamos a esperar o ônibus ou metrô que nunca vem em vez de pegar um táxi e por que investimos em relacionamentos fracassados mesmo quando nosso esforço só piora a situação.

O não essencialista não consegue se libertar dessas armadilhas. O essencialista tem a coragem e a confiança necessárias para admitir seus erros e se descomprometer, sejam quais forem os custos perdidos.

Não essencialista	**Essencialista**
Pergunta: "Por que parar agora que já investi tanto nesse projeto?"	Pergunta: "Se eu já não tivesse investido nesse projeto, quanto investiria nele hoje?"
Pensa: "Se continuar tentando, farei isso dar certo."	Pensa: "O que eu poderia fazer com o tempo ou o dinheiro se pulasse fora agora?"
Detesta admitir erros	Fica satisfeito em reduzir as perdas

A influência dos custos perdidos, embora bastante comum, não é a única armadilha não essencialista que demanda cautela. A seguir, conheça várias outras armadilhas e também algumas dicas para escapar delas com tato e o mínimo de perdas.

Evite armadilhas de comprometimento

CUIDADO COM O EFEITO DOTAÇÃO

A sensação de posse é poderosa. Como dizem por aí, ninguém lava carro alugado. Isso se deve ao chamado "efeito dotação", a tendência de subestimar o que não é nosso e supervalorizar o que já possuímos.

Num estudo para demonstrar a força do efeito dotação, Daniel Kahneman, pesquisador e vencedor do Prêmio Nobel, e alguns colegas deram canecas de café, aleatoriamente, a apenas metade dos participantes da pesquisa.[4] Perguntaram ao primeiro grupo por quanto venderiam a caneca e, ao segundo, quanto pagariam por ela. Acontece que os participantes que possuíam canecas se recusaram a vendê-las por menos de 5,25 dólares, e os do outro grupo se dispuseram a pagar apenas 2,25 a 2,75 dólares. Em outras palavras, o mero fato da posse levou os donos de canecas a lhes atribuir um valor mais alto e os deixou menos dispostos a se separar delas.

Tenho certeza de que você consegue se lembrar de alguns itens que parecem mais valiosos no instante em que você pensa em dá-los a alguém. Pense num livro na estante que você não lê há anos, num eletrodoméstico ainda dentro da caixa ou na blusa de tricô que ganhou da avó e nunca usou. Sejam ou não úteis ou prazerosos, subconscientemente o fato de serem seus faz com que você lhes atribua um valor maior do que se não lhe pertencessem.

Infelizmente, também temos essa tendência no caso de atividades não essenciais. O projeto que não chega a lugar nenhum no trabalho parece muito mais importante quando somos o líder da equipe responsável. Fica mais complicado se livrar do compromisso de ser voluntário na venda de bolos para caridade quando nós é que tivemos a ideia. Quando nos achamos "donos" de uma atividade, sentimos mais dificuldade para nos descomprometer. Ainda assim, eis uma dica útil:

FINJA QUE AINDA NÃO É O DONO

Tom Stafford descreve um antídoto simples para o efeito dotação.[5] Em vez de perguntar "Que valor dou a este item?", deveríamos indagar: "Se eu não possuísse este item, quanto pagaria por ele?" Podemos fazer o mesmo com oportunidades e compromissos. Não se pergunte "Como me sentiria se perdesse essa oportunidade?", mas: "Se eu não tivesse essa oportunidade, o que estaria disposto a sacrificar para obtê-la?" Do mesmo modo, podemos perguntar: "Se já não estivesse envolvido nesse projeto, quanto me esforçaria para entrar nele?"[6]

SUPERE O MEDO DO DESPERDÍCIO

Hal Arkes, professor de psicologia da Universidade Estadual de Ohio que estuda juízos de valor na tomada de decisões, estava curioso com um enigma. Por que os adultos são muito mais vulneráveis à influência dos custos perdidos que as crianças? Ele acredita que a resposta é uma vida inteira de exposição à regra de evitar o desperdício, de modo que, quando adultos, já estamos condicionados a não parecer esbanjadores nem para nós mesmos.[7] "Abandonar um projeto em que se investiu tanto dá a impressão de que foi tudo em vão, e aprendemos desde cedo a evitar desperdícios", disse Arkes.[8]

Para ilustrar seu argumento, ele expôs a seguinte situação a um grupo de participantes: suponha que você pagou 100 dólares por um pacote para passar um fim de semana esquiando em Michigan. Várias semanas depois, você compra um pacote de fim de semana de esqui em Wisconsin por 50 dólares. Acha que gostará mais de ir a Wisconsin do que a Michigan. Ao guardar a passagem recém-comprada para Wisconsin, você percebe que as duas viagens estão marcadas para o mesmo fim de semana. É tarde demais para vender ou devolver as passagens. É preciso escolher qual usar.

Quando perguntaram aos participantes "Que viagem você fará?", mais da metade disse que optaria pela mais cara, mesmo que achasse menos interessante. O raciocínio (torto) foi o seguinte: usar a passagem mais barata seria desperdiçar mais dinheiro do que usar a passagem mais cara. É natural não querer jogar fora o que se desperdiçou realizando uma escolha ruim, mas se não o fizermos nos condenaremos a desperdiçar ainda mais.

ADMITA O FRACASSO PARA COMEÇAR A TER SUCESSO

Lembro-me de um amigo que nunca parava para perguntar o caminho a alguém porque jamais admitia que se perdera. Assim, desperdiçávamos tempo e energia dando voltas sem chegar a lugar nenhum – o cúmulo da atividade não essencial.

Só quando admitimos que foi um equívoco nos comprometer com alguma coisa podemos deixar esse erro no passado. Por outro lado, se continuarmos negando o equívoco ficaremos rodando em círculos à toa. Não deveria ser vergonhoso admitir que falhamos; afinal de contas, no fundo estamos reconhecendo que agora somos mais sábios do que antes.

PARE DE TENTAR FORÇAR O ENCAIXE

No filme *Tootsie*, Dustin Hoffman representa um ator com dificuldades para arranjar trabalho. O filme começa com uma série de testes fracassados. Em um deles, lhe dizem: "Precisamos de alguém mais velho." No outro, "Procuramos alguém mais novo". O terceiro se passa mais ou menos assim:

– Você não tem a altura que queremos – dizem-lhe.

Ele responde:

– Posso ficar mais alto.

– Não, precisamos de alguém mais baixo – rebate o diretor.

Desesperado para conseguir o papel, o personagem de Hoffman explica:

– Não preciso parecer tão alto. Veja, estou usando salto. Posso ser mais baixo.

– Sei, sei, mas procuramos alguém diferente.

Ainda persistente, o candidato a ator continua:

– Posso ser diferente.

Muitas vezes agimos justamente como o personagem de Dustin Hoffman, fazendo muito esforço para ser o que não somos – no filme, ele chega ao cúmulo de se passar por uma mulher para conseguir o papel em uma novela. Quer na vida pessoal, quer na profissional, é tentador forçar algo que simplesmente não se encaixa. A solução?

BUSQUE UMA SEGUNDA OPINIÃO NEUTRA

Quando ficamos emocionalmente muito envolvidos e tentamos forçar algo que não encaixa direito, é bom buscar uma segunda opinião. Uma pessoa que não esteja emocionalmente envolvida na situação nem seja afetada por nossa escolha pode nos dar permissão para parar de insistir numa coisa que claramente não está dando certo.

Certa vez desperdicei meses de trabalho tentando empurrar um projeto que simplesmente não funcionava. Quanto mais eu me empenhava, pior ficava a situação. Mas minha reação irracional foi investir ainda mais. Eu pensava: "Posso fazer isso dar certo!" Não queria aceitar que estava jogando meus esforços no lixo. Finalmente, contei minha frustração a um amigo que tinha a vantagem de estar emocionalmente afastado do projeto e não estar sobrecarregado com os custos perdidos, capaz de avaliar minhas decisões à distância. Depois de me escutar, ele disse: "Você não está casado com isso." E com essas simples palavras, fui libertado para deixar de investir em algo não essencial.

TENHA CONSCIÊNCIA DA INFLUÊNCIA DO STATUS QUO

A tendência de continuar fazendo uma coisa só porque sempre a fizemos pode ser chamada de "influência do status quo". Uma vez trabalhei numa empresa que usava um sistema de avaliação de funcionários que me parecia tão desatualizado que fiquei curioso para saber há quanto tempo era utilizado. Quando procurei seu criador na empresa, descobri que ninguém, nem mesmo a diretora de recursos humanos, no cargo havia muito tempo, sabia quem era. O mais surpreendente foi que, nos 10 anos que ela passara na empresa, ninguém sequer questionara o sistema. Era muito mais fácil aceitá-lo às cegas e não se dar ao trabalho de questionar compromissos já estabelecidos.

Peguei emprestado do mundo da contabilidade um tratamento para a influência do status quo:

APLIQUE O ORÇAMENTO BASE ZERO

Ao calcular um orçamento, os contadores costumam usar os dados do ano anterior como base da projeção para o ano seguinte. Mas no orçamento base zero eles partem do nada. Em outras palavras, cada item do orçamento proposto deve ser justificado desde o princípio. Embora exija mais esforço, esse método tem muitas vantagens: distribui os recursos com eficiência, com base na necessidade e não no histórico; identifica exigências orçamentárias exageradas; chama a atenção para operações obsoletas; e estimula todos a serem mais claros em seus propósitos e ao explicar como as despesas se adequam aos projetos.

É possível aplicar o orçamento base zero às nossas atividades. Em vez de alocar o tempo com base em compromissos existentes, suponha que não haja compromisso nenhum. Todos os anteriores sumiram. Então comece do nada, perguntando qual deles você acrescentaria hoje. É possível fazer isso com tudo, das obrigações financeiras aos projetos a que você se dedica e até aos relacionamentos que mantém. Qualquer uso de tempo, energia ou recursos precisará ser justificado outra vez. Se não se encaixa mais, elimine-o.

PARE DE ASSUMIR COMPROMISSOS À TOA

Os dias de certas pessoas são lotados de pequenos compromissos que elas assumiram sem querer em comentários casuais ou conversas fiadas. Você sabe do que estou falando: ficou batendo papo com a vizinha sobre o trabalho dela em alguma ONG, com uma colega sobre a nova iniciativa que ela está encabeçando, com um amigo sobre o novo restaurante que ele quer conhecer e, antes que percebesse, você se comprometeu.

A PARTIR DE AGORA, FAÇA UMA PAUSA ANTES DE FALAR

Parece óbvio, mas esperar cinco segundos antes de oferecer seus serviços pode reduzir muito a possibilidade de assumir compromissos dos quais se arrependerá. Antes que as palavras "Que legal! Eu adoraria" saiam voando da sua boca, pergunte-se: "Isso é essencial?" Se já assumiu sem querer algum compromisso do qual se arrepende, arranje um jeito educado de cair fora. Peça desculpas e diga à pessoa que, quando se comprometeu, você não tinha percebido direito tudo o que aquilo envolvia.

SUPERE O MEDO DE PERDER OPORTUNIDADES

Neste capítulo, vimos indícios de que a maioria de nós é naturalmente muito avessa a prejuízos. Como consequência, um dos obstáculos para abandonarmos o caminho não essencial é o medo de perder grandes oportunidades.

PARA COMBATER ESSE MEDO, USE O "PILOTO INVERTIDO"

Uma das ideias que ficaram populares nos círculos administrativos dos últimos anos é o "protótipo". A construção de um protótipo ou modelo em grande escala permite que as empresas testem uma ideia ou um produto sem um investimento maciço. Essa mesma ideia pode ser usada ao contrário para eliminar elementos não essenciais de um modo relativamente sem riscos usando o "*reverse pilot*", o "piloto invertido", segundo Daniel Shapero, diretor do LinkedIn.[9]

Usar o piloto invertido significa verificar se remover uma atividade ou iniciativa terá alguma consequência negativa. Por exemplo, quando assumiu um novo cargo importante na empresa, um executivo com quem trabalho herdou um processo que o antecessor se esforçara muito para implementar: um imenso relatório, altamente visual, sobre uma grande variedade de assuntos, atualizado toda semana para os outros executivos. Aquilo consumia uma energia enorme da equipe, e ele achou que talvez não acrescentasse muito valor à organização. Então, para comprovar a hipótese, adotou o piloto invertido. Simplesmente parou de distribuir o relatório e esperou para ver qual seria a reação. Acabou descobrindo que ninguém parecia sentir falta; depois de várias semanas, nem um colega sequer mencionara o tal relatório. Assim, concluiu que aquilo não era essencial para a empresa e podia ser eliminado.

Um piloto invertido semelhante pode ser adotado na vida social. Existem compromissos assumidos com colegas, amigos e até familiares que você sempre achou que fariam grande diferença para eles mas que podem ser excluídos sem sofrimento? Em silêncio, elimine essa atividade ou, pelo menos, execute-a menos durante alguns dias ou semanas, e você será capaz de avaliar se ela realmente faz diferença ou se ninguém se importa.

Mesmo com essas técnicas, é verdade que se "descomprometer" é mais difícil do que simplesmente não se comprometer lá no princípio. Dizer não a alguém com quem já nos comprometemos gera uma sensação de culpa, e, sejamos francos, ninguém gosta de não cumprir com a palavra. Mas aprender a fazer isso de modo a conquistar respeito pela coragem, pelo foco e pela disciplina é fundamental para alguém se tornar essencialista.

Capítulo 13

EDITAR

A arte invisível

Vi o anjo no mármore e esculpi até libertá-lo.

— *Michelangelo*

O prêmio mais importante do Oscar sem dúvida é o de Melhor Filme. Antes da cerimônia, a mídia passa semanas especulando sobre ele. Na mesma noite, há um prêmio bem menos valorizado: o de Melhor Montagem. O que a maioria dos espectadores não sabe é que os dois prêmios estão intimamente relacionados: desde 1981, não houve nenhum Melhor Filme que não fosse pelo menos indicado para Melhor Montagem.[1]

Na história do Oscar, o montador mais respeitado é Michael Kahn, com oito indicações e três estatuetas. Embora não seja famoso, ele já montou filmes como *O resgate do soldado Ryan*, *Indiana Jones e os caçadores da arca perdida*, *A lista de Schindler* e *Lincoln*. Em 37 anos ele editou quase todos os filmes de Steven Spielberg e, no processo, se tornou seu braço direito. Mas pouca gente conhece o nome de Kahn. É com razão que às vezes chamam a montagem de cinema de "arte invisível".

É óbvio que a montagem, que envolve editar, cortar e eliminar tudo o que for trivial, desimportante ou irrelevante, é uma arte essencialista. E quais seriam os talentos de um bom montador? Quando os integrantes do setor de montagem da Academia de Artes e Ciências Cinematográficas – a entidade que concede os Oscars – se reúnem para escolher os indicados ao prêmio de Melhor Montagem, eles tentam "ao máximo não olhar para o que deveriam estar olhando", como disse Mark Harris.[2] Em outras palavras, o bom montador torna difícil *não* ver o que é importante, porque elimina tudo, menos os elementos que definitivamente precisam estar ali.

No Capítulo 6, comparamos a exploração e a experimentação ao jornalismo, que exige fazer perguntas, escutar e ligar os pontos para distinguir o pouco que é essencial do muito que é banal. Portanto, faz sentido que o próximo estágio do processo essencialista, a eliminação do que não é essencial, seja assumir o papel de editor e montador na vida e na liderança.

Jack Dorsey é mais conhecido por ser o criador do Twitter e fundador e presidente executivo da Square, uma empresa de pagamentos pelo celular. Sua abordagem essencialista da administração é incomum. Numa palestra recente, Jack disse que vê o papel do presidente executivo como o de editor-chefe. Em outro evento, em Stanford, ele explicou melhor:

> Quando digo "editor", quero dizer que há mil coisas que poderíamos fazer, mas apenas uma ou duas importantes. Todas as ideias e contribuições de engenheiros, técnicos e designers vão inundar constantemente o nosso escopo. [...] Como editor, pego essas colaborações e decido qual delas, ou que junção de algumas, faz sentido para a nossa atividade.[3]

O editor não é apenas quem diz não às coisas. Isso uma criança de 3 anos sabe fazer. E o editor não elimina, simplesmente; na verdade, de certo modo o editor *acrescenta*. Ele subtrai de forma *deliberada* para dar vida a ideias, cenários, enredos e personagens.

Do mesmo modo, na vida a edição disciplinada ajuda a melhorar o nível de contribuição. Ela aumenta a capacidade de focar o que realmente importa. Dá mais espaço para as relações e atividades mais significativas florescerem.

A edição auxilia a execução sem esforço do essencialista porque remove tudo o que distrai e tudo o que é desnecessário. Ou, como explicou um editor de livros: "Meu serviço é reduzir ao mínimo o esforço do leitor. A meta é ajudá-lo a ter a compreensão mais clara possível da mensagem ou do ensinamento mais importante."

É claro que editar também envolve perder para ganhar. Em vez de tentar encaixar tudo – todos os personagens, todas as reviravoltas, todos os detalhes –, o editor pergunta: "Tal personagem, reviravolta ou detalhe melhoram a obra?" Para o autor, seja de filmes, livros ou reportagens, é fácil se apegar a determinada ideia ou determinado conjunto de obras, principalmente quando exigiram muito esforço para serem criados. Pode ser doloroso excluir trechos, páginas ou até capítulos que levaram semanas, meses e talvez até anos para serem desenvolvidos, mas essa eliminação disciplinada é fundamental no ofício. Como já disse Stephen King, "mesmo que isso parta o seu egocêntrico coração de escritorzinho, mate seus queridos".[4]

Não essencialista	**Essencialista**
Acha que fazer algo melhor significa acrescentar coisas	Acha que fazer algo melhor significa subtrair coisas
Apegado a todas as palavras, imagens e detalhes	Elimina palavras, imagens e detalhes que distraem

É claro que editar um filme, um livro ou qualquer outra obra criativa não é igual a editar a própria vida. Na vida, não podemos nos dar ao luxo de revisar a conversa que acabamos de ter, a reunião que acabamos de realizar nem a apresentação que acabamos de fazer e corrigi-las com uma caneta vermelha. Ainda assim, quatro princípios simples inerentes à edição se aplicam a cortar da vida o que não é essencial.

Editar a vida

ELIMINE OPÇÕES

Editar implica cortar o que confunde o leitor e obscurece a mensagem ou a história. Tomar a decisão de eliminar opções pode ser apavorante; mas essa é a própria essência da tomada de decisões.[5]

A raiz latina da palavra *decisão* – *cis* – significa "cortar" ou "matar".

Como, em última análise, ter menos opções torna a decisão mais cômoda, devemos cultivar a disciplina de nos livrar de alternativas e atividades que podem ser boas e até muito boas, mas que ficam no caminho de algo excelente. No fim das contas, todo corte produz alegria; talvez não na hora, mas depois, quando percebemos que cada momento a mais que ganhamos pôde ser usado com alguma coisa melhor. Essa pode ser uma das razões para Stephen King afirmar: "Escrever é humano, editar é divino."[6]

CONDENSE

"Peço desculpas. Se tivesse mais tempo, teria escrito uma carta mais breve." Não se sabe quem é de fato o autor desta citação, mas todos compreendem seu sentido. É verdade que fazer menos pode ser mais difícil, tanto na arte quanto na vida. Toda palavra, toda cena, toda atividade precisa somar. O editor é impiedoso na busca de tornar cada palavra necessária. Em vez de usar duas frases, por que não uma só? É possível empregar uma palavra onde há duas? Como observou Alan D. Williams no ensaio "What Is an Editor?" (O que é um editor?), existem "duas perguntas básicas que o editor deveria fazer ao autor: 'Está dizendo o que quer dizer?' e 'Está dizendo com a máxima clareza e concisão possíveis?'".[7] É isso que significa condensar.

Na vida, do mesmo modo, condensar nos permite fazer mais com menos. Por exemplo, quando se mudou para um apartamento de 40 metros quadrados em Nova York, Graham Hill quis ver como conseguiria condensar tudo o que tinha. O resultado final foi um projeto que ele chama de "caixinha de joias". A caixinha de joias funciona porque cada móvel tem várias funções. A parede à esquerda, por exemplo, serve de tela de projeção para assistir a filmes e também abriga duas camas de hóspedes que podem ser puxadas quando houver visitantes para passar a noite. A parede à direita se dobra sobre o sofá e revela uma cama de casal. Tudo tem função dupla ou tripla; em outras palavras, cada objeto dá múltiplas contribuições à vida no apartamento. Esse projeto foi tão inovador que se transformou numa empresa dedicada à arte de conseguir mais em menos espaço. Ele a batizou, com muita propriedade, de LifeEdited.com – a "vida editada".

No entanto, condensar não significa fazer mais ao mesmo tempo; significa, simplesmente, menos desperdício. É reduzir a proporção entre palavras e ideias, metros quadrados e utilidade ou esforço e resultado. Assim, para aplicar à nossa vida o princípio da condensação, precisamos mudar a proporção entre atividades e significado. Temos que eliminar várias atividades sem sentido e substituí-las por outras com muita relevância. Por exemplo, um funcionário de uma empresa em que trabalhei (alguém tão bem cotado que não precisava ter medo de demissão) faltava rotineiramente à reunião semanal a que os outros compareciam e apenas lhes perguntava o que perdera. Desse modo, condensava em 10 minutos duas horas de reunião e investia o resto do tempo para fazer o que era importante.

CORRIJA

O papel do editor não é apenas cortar e condensar, mas também corrigir. Pode ser uma mudança pequena, como um erro gramatical, ou tão complexa como consertar as falhas de um argumento. Para fazer isso direito, o editor precisa ter uma noção clara do propósito da obra que está editando. Como Michael Kahn explica, nem sempre ele faz o que Spielberg lhe pede; em vez disso, faz o que acha que o diretor realmente quer. Entender o objetivo mais profundo lhe permite fazer correções que nem o próprio Spielberg talvez fosse capaz de verbalizar.

De forma parecida, na vida pessoal ou profissional podemos fazer correções de rumo e voltar ao nosso propósito central. Ter um objetivo claro e abrangente, como discutido no Capítulo 10, nos permite conferir e comparar regularmente as atividades e os comportamentos com nosso intento real. Se estiverem incorretos, caberá a nós editá-los.

EDITE MENOS

Talvez isso pareça contradizer o senso comum, mas os melhores editores não sentem necessidade de sair mudando tudo. Eles sabem que, às vezes, ter disciplina para deixar algumas coisas exatamente como estão é a melhor maneira de usar sua capacidade de avaliação editorial. Trata-se apenas de mais um aspecto que faz com que o ofício de editor seja uma arte invisível. Assim como o melhor cirurgião não é o que faz mais incisões, às vezes os melhores editores são os menos invasivos, os mais contidos.

Tornar-se editor da vida também inclui saber quando mostrar parcimônia. Um jeito de fazer isso é editar a tendência de intervir. Quando somos copiados em um e-mail, por exemplo, podemos resistir à tentação de ser o primeiro a responder. Numa reunião, podemos conter a vontade de fazer um comentário. Talvez seja mais útil esperar, observar, ver como a situação se desenrola. Fazer menos, além de ser uma poderosa estratégia essencialista, também é uma poderosa estratégia editorial.

O não essencialista vê a edição como uma tarefa isolada a ser realizada apenas quando a situação fica incontrolável. Mas esperar demais para editar nos força a fazer grandes cortes, nem sempre os que gostaríamos. Por outro lado, realizar continuamente correções no modo como usamos nosso tempo e escolhemos nossas atividades nos permite executar ajustes menores porém deliberados ao longo do caminho. Tornar-se essencialista significa fazer dos cortes, da condensação e da correção uma parte natural do cotidiano.

CAPÍTULO 14

LIMITAR

A liberdade de estabelecer limites

"NÃO" É UMA FRASE COMPLETA.

— Anne Lamott

Jin-Yung[1] trabalhava numa empresa de tecnologia na Coreia. Ela estava planejando o próprio casamento e, ao mesmo tempo, preparava uma reunião da diretoria que ocorreria três semanas antes do grande dia. Quando sua gerente Hyori lhe pediu que criasse o roteiro e todos os slides para a apresentação das duas na reunião, ela cumpriu várias jornadas de 15 horas e terminou a tarefa depressa para se dedicar ao casamento nos dias anteriores à reunião. A gerente ficou surpresa e satisfeita ao ver o trabalho pronto antes da hora, e Jin-Yung iria poder se dedicar durante cinco dias ininterruptos a planejar o casamento.

Então Jin-Yung recebeu da gerente um pedido urgente para terminar outro projeto antes da reunião da diretoria. Nos vários anos em que trabalharam juntas, Jin-Yung nunca dissera não a Hyori, mesmo quando dizer sim tornava sua vida temporariamente um caos. Até então, Jin-Yung dedicara horas incontáveis a cumprir todas as tarefas e solicitações, qualquer que fosse o sacrifício. Entretanto, dessa vez disse não à gerente sem hesitar. Preferiu não pedir desculpas nem se justificar. Disse apenas: "Trabalhei duro, planejei ter esse tempo para mim e mereço desfrutá-lo, sem culpa."

Então algo surpreendente aconteceu. Todos na equipe disseram não, e Hyori teve que terminar a tarefa sozinha. A princípio, ficou furiosa. Levou a semana inteira para concluir o serviço e não gostou nem um pouco. Mas, depois de trabalhar dias naquela tarefa, enxergou as falhas em seu jeito de fazer as coisas. Logo percebeu que, se quisesse ser uma gerente mais eficaz, teria que ser clara com cada membro da equipe sobre expectativas, responsabilidades e resultados. No final, ficou grata a Jin-Yung por ajudá-la a ver seu erro de comportamento. Ao estabelecer limites, Jin-Yung não só abriu os olhos da gerente para a dinâmica de grupo pouco saudável e criou espaço para mudanças como conquistou gratidão e respeito de sua chefe pela forma como conduziu a situação.

A falta de limites é algo típico desta nossa era não essencialista. A tecnologia confundiu totalmente as fronteiras entre trabalho e família. Hoje parece haver uma expectativa de que todos os funcionários estejam disponíveis em tempo integral para a empresa. A vida profissional invadiu insidiosamente o território familiar.

Clayton Christensen, professor de administração de Harvard e autor de *O dilema da inovação*, contou que, quando trabalhava numa empresa de consultoria administrativa, certo dia um dos sócios lhe disse que ele precisava ir trabalhar num sábado para ajudar num projeto. Clay simplesmente respondeu: "Sinto muito. Já me comprometi a passar todos os sábados com minha mulher e meus filhos."

O sócio, descontente, saiu batendo a porta, mas depois voltou e disse: "Tudo bem, Clay. Conversei com a equipe e todos concordaram em vir trabalhar no domingo. Então, espero que você esteja aqui." Clay deu um suspiro e disse: "Obrigado pela gentileza, mas domingo não dá. Dedico o domingo ao Senhor e não virei trabalhar." O sócio se irritou ainda mais.

Mas Clay não foi demitido por se impor. Embora sua resposta não tenha sido bem aceita naquele momento, em última análise a postura dele lhe angariou respeito. Estabelecer limites foi fundamental. Ele recorda: "Aquela foi uma lição importante. Se tivesse aberto uma exceção, teria que fazê-lo muitas vezes."[2] Os limites podem ser comparados às paredes de um castelo de areia. Assim que uma delas cai, todas as outras desmoronam.

É claro que pode ser difícil estabelecer limites. Só porque deu certo com Jin-Yung e Clay não significa que sempre dará. Jin-Yung poderia ter perdido o emprego. A recusa de Clay a trabalhar nos fins de semana poderia ter limitado sua carreira. Essa atitude pode, sim, custar caro.

No entanto, não impor limites custa mais caro ainda: nossa capacidade de escolher o que é essencial para nossa vida. Para Jin-Yung e Clay, respeito no local de trabalho e tempo para a família eram muito importantes, e foram essas coisas que eles, deliberada e estrategicamente, escolheram priorizar. Afinal de contas, se não estabelecermos limites eles não existirão. Pior ainda, haverá limites, mas apenas aqueles determinados por omissão – ou por outra pessoa – e não de caso pensado.

Os não essencialistas tendem a ver esses limites como restrições, coisas que atrapalham a hiperprodutividade. Acham que agir assim é prova de fraqueza. Mas, sem limites, acabam se esforçando tanto para dar conta de tudo que realizar qualquer coisa se torna praticamente impossível.

Os essencialistas, por sua vez, sabem que estabelecer limites dá poder. Reconhecem que essa imposição protege o tempo deles contra aproveitadores e costuma liberá-los de ter que se esquivar de coisas que promovem os objetivos dos outros, não os seus. Sabem que fronteiras claras lhes permitem eliminar de forma proativa as exigências e os fardos dos outros, que podem afastá-los do que é verdadeiramente essencial.

Não essencialista	**Essencialista**
Acha que, se tiver limites, será limitado	Sabe que, se tiver limites, será ilimitado
Vê as fronteiras como restrições	Considera as fronteiras libertadoras
Gasta energia tentando o "não" direto	Estabelece com antecedência regras que eliminam a necessidade do "não" direto

O problema deles não é seu

É claro que a dificuldade de estabelecer limites vai bem além do local de trabalho. Na vida pessoal, também há quem abuse na hora de exigir nosso tempo. Quantas vezes você sentiu que o seu sábado ou domingo foram roubados por compromissos dos outros? Tem algum familiar ou algum amigo que não percebe quando passa dos limites?

Nos nossos relacionamentos sempre vão existir pessoas que tendem a nos exigir mais atenção do que outras. São as que fazem com que os problemas delas se tornem nossos. Elas nos distraem de nosso propósito. Só dão atenção ao que lhes interessa e, se deixarmos, nos impedirão de dar o nível máximo de contribuição à nossa meta, sugando nosso tempo e nossa energia para atividades essenciais para elas e não para aquelas que são nossa prioridade.

Sendo assim, como aproveitar o exemplo de Jin-Yung e Clayton Christensen e estabelecer o tipo de limite que nos protegerá dos compromissos dos outros? Leia com atenção as orientações a seguir.

NÃO ROUBE OS PROBLEMAS DOS OUTROS

É claro que devemos servir as pessoas, amá-las e fazer diferença na vida delas. Mas quando os outros fazem com que os problemas deles se tornem nossos, não os ajudamos em nada. Ao assumirmos os problemas deles, lhes tiramos a capacidade de resolvê-los.

No livro *Limites*, o escritor e psicólogo Henry Cloud conta uma história sobre exatamente esse tipo de situação. Certa vez, os pais de um rapaz de 25 anos foram consultá-lo. Queriam que ele "desse um jeito" no filho. Ele perguntou por que o tinham procurado sem o filho, e a resposta foi: "Porque ele acha que não tem problema nenhum." Depois de escutar a história toda, Henry concluiu, para surpresa do casal: "Acho que o filho de vocês está certo. Ele não tem problema nenhum. Vocês é que têm. Vocês bancam, se irritam, se preocupam, planejam, gastam energia para que ele avance. Ele não tem problema nenhum porque vocês tiraram o problema dele."[3]

Então Cloud compartilhou com eles a seguinte metáfora: imagine um vizinho que nunca rega o gramado. Mas quando você liga seu sistema de irrigação, a água cai apenas no gramado dele. A sua grama fica seca, quase morta, mas o vizinho olha o próprio gramado verde e pensa: "Meu quintal está lindo!" Nisso todo mundo perde: o seu esforço é desperdiçado e o vizinho nunca adquire o hábito de regar o próprio gramado. A solução? Como explica Cloud, "é preciso pôr uma cerca para tirar o problema dele do seu quintal e mantê-lo no quintal dele, que é onde deveria estar".

No ambiente profissional, os outros tentam o tempo todo usar o nosso sistema de irrigação para manter o gramado *deles* verde. Pode ser o chefe que nos põe no comitê do projeto preferido dele, a colega que pede nossa opinião sobre o relatório ou a apresentação que ela mesma não se dedicou a aperfeiçoar ou o colega que nos chama no corredor para fofocar quando temos uma reunião importante.

Muita gente pode tentar sugar nosso tempo e nossa energia em proveito próprio; para isso, a única solução é erguer uma cerca. Mas não deixe para agir assim no momento em que o pedido for feito; é preciso levantar cercas com bastante antecedência e demarcar com clareza o que não pode ser ultrapassado de modo a evitar quem desperdiça seu tempo ou tenta invadir seus limites. Lembre-se de que forçar essas pessoas a resolver os próprios problemas é igualmente benéfico para você e para elas.

LIMITES SÃO FONTE DE LIBERTAÇÃO

Em uma escola localizada perto de uma rua movimentada, as crianças só brincavam numa pequena parte do pátio próxima ao prédio, onde os adultos ficavam de olho nelas. Então alguém construiu uma cerca em torno de todo o pátio. Com isso, as crianças ganharam um espaço muito maior para brincar. A liberdade delas mais do que dobrou.[4]

Do mesmo modo, quando não estabelecemos limites claros na vida podemos acabar presos pelas restrições que os outros nos impõem. Mas quando temos fronteiras bem definidas ficamos livres para, deliberadamente, selecionar na área inteira – ou em toda a variedade de opções – o que queremos explorar.

IDENTIFIQUE OS DESVIOS

Quando peço a executivos que digam quais são seus limites, eles raramente conseguem fazê-lo. Sabem que têm alguns, mas não são capazes de defini-los com palavras. Na verdade, quem não consegue articular os próprios limites para si e para os outros não pode esperar que as pessoas os respeitem ou mesmo os percebam.

Para conseguir fazer isso, comece registrando por escrito todas as vezes em que você se sentiu desrespeitado ou explorado pela solicitação de alguém. Não precisa ser nada extremo. Até algo mínimo que provoque uma pontada de ressentimento – seja um convite indesejado, uma "oportunidade" não solicitada ou o pedido de um pequeno favor – serve de pista para descobrir o que está tirando você do caminho essencial.

ELABORE CONTRATOS SOCIAIS

Certa vez tive que trabalhar com um colega que conduzia os projetos de um jeito completamente oposto ao meu. Todos previram que seríamos como cão e gato. Mas nossa relação de trabalho, na verdade, foi bastante harmoniosa. Isso porque, quando nos conhecemos, fiz questão de explicar minhas prioridades e que tipo de trabalho extra estaria disposto ou não a assumir no decorrer do projeto. "Vamos combinar o que queremos conseguir no final", comecei. Também deixei claro quais coisas eram realmente importantes para mim e pedi que ele fizesse o mesmo.

Assim, trabalhamos com um "contrato social" não muito diferente do que Jin-Yung e a chefe fizeram, como visto no início do capítulo. Bastou haver uma compreensão prévia do que realmente tentávamos obter e de quais eram nossos limites para evitar o desperdício do tempo um do outro, a sobrecarga com solicitações excessivas e a distração do que era essencial. Como consequência, conseguimos dar nosso nível máximo de contribuição ao projeto e, apesar das diferenças, nos relacionamos muito bem durante todo o processo.

Com a prática, impor limites ficará cada vez mais fácil.

Só é realmente livre aquele que sabe estabelecer limites.

executar

Como fazer quase sem esforço as poucas coisas vitais?

EXECUTAR

Como facilitar a execução

Há duas maneiras de pensar sobre a execução. Enquanto os não essencialistas tendem a forçá-la, os essencialistas investem o tempo que pouparam ao eliminar o não essencial no projeto de um sistema que facilite a execução, de um modo que quase não demande esforço.

No primeiro capítulo, falamos sobre a semelhança entre a vida e um armário cheio demais e de que forma o essencialista abordaria sua organização. Dissemos que, para o armário permanecer arrumado, é preciso uma organização regular. Temos que separar os itens a serem descartados dos itens que serão mantidos. E é necessário saber para onde doar as roupas e marcar uma hora para ir até lá.

Em outras palavras, depois de descobrir que atividades e iniciativas essenciais se deve manter na vida, é preciso criar um sistema para executá-las. Você não pode esperar o armário explodir e depois fazer um esforço sobre-humano para organizar tudo. A melhor solução é implantar um sistema para que manter a arrumação se torne algo rotineiro e sem esforço.

É da natureza humana gostar de coisas fáceis. Nesta parte do livro, você aprenderá a facilitar ao máximo a execução das coisas certas – as coisas essenciais.

Capítulo 15

PREVENIR

A vantagem injusta

DÊ-ME SEIS HORAS PARA DERRUBAR UMA ÁRVORE E PASSAREI AS QUATRO PRIMEIRAS AFIANDO O MACHADO.

— frase atribuída a Abraham Lincoln

No livro do Gênesis, a Bíblia conta a história de José, que salvou o Egito de uma terrível fome que duraria sete anos. O faraó teve um sonho que não conseguiu interpretar e pediu que seus assessores mais sábios o explicassem. Eles também não conseguiram interpretar o sonho, mas alguém se lembrou de que José, na época na prisão, tinha fama de saber o significado dos sonhos. E foram buscá-lo.

No sonho, o faraó estava em pé junto a um rio e viu sete vacas gordas saírem da água e pastar num prado. Depois saíram sete outras que eram magras. O segundo grupo de vacas devorou o primeiro. José explicou que o sonho significava que haveria sete anos de abundância no Egito seguidos de sete anos de fome. E sugeriu ao faraó que nomeasse alguém para separar um quinto da safra de cada ano, durante sete anos, e guardá-lo para se proteger dos anos de fome. O plano foi aprovado, e José recebeu o cargo de vizir, ou segundo no comando do Egito. Ele executou o plano com perfeição e, terminados os sete anos de fome, todos, no Egito e nas áreas vizinhas, inclusive a numerosa família de José, se salvaram. Nessa história simples está uma das práticas mais poderosas dos essencialistas para assegurar a execução sem esforço.

Na realidade, vivemos num mundo imprevisível. Mesmo longe de acontecimentos extremos como a fome, enfrentamos constantemente o inesperado. Não sabemos se o trânsito estará bom ou se haverá engarrafamento. Não sabemos se o voo vai atrasar ou será cancelado. Não sabemos se amanhã escorregaremos na calçada e quebraremos o braço. Do mesmo modo, no trabalho não sabemos se um fornecedor vai se atrasar, se um colega nos deixará na mão, se o cliente mudará as instruções na última hora e assim por diante. A única coisa que podemos esperar (com a máxima certeza) é o inesperado. Portanto, podemos aguardar a dificuldade acontecer para só então reagir ou então nos preparar e nos prevenir, criando uma margem de segurança.

Certa ocasião, tentei explicar o conceito de margem de segurança aos meus filhos. Estávamos no carro e pedi que imaginassem o seguinte problema: só poderíamos chegar ao nosso destino se percorrêssemos 5 quilômetros sem parar. Quase na mesma hora as crianças entenderam a dificuldade. Não podíamos prever o que aconteceria à nossa frente e à nossa volta. Não sabíamos se todos os semáforos estariam verdes nem se o carro da frente viraria ou frearia de repente. O único jeito de evitar acidentes seria dar mais espaço entre o nosso carro e o carro à frente. Esse espaço serviria de margem de segurança e nos daria tempo para reagir e nos adaptar a qualquer movimento súbito ou inesperado dos outros motoristas.

Do mesmo modo, podemos facilitar a execução do essencial na vida pessoal e profissional simplesmente criando margens de segurança.

No jogo com as crianças no carro, elas notaram que, quando eu me distraía falando e rindo, esquecia a margem de segurança e chegava perto demais do carro à frente. Quando isso acontecia, eu precisava fazer algo “não natural”, como me desviar ou pisar no freio na última hora, para ajustar o curso. Algo parecido pode acontecer quando nos esquecemos de respeitar e manter as margens de segurança na vida. Ficamos ocupados e distraídos e, de repente, o projeto precisa ser entregue ou o dia da grande apresentação chegou – por mais que tenhamos arranjado tempo extra para conciliar as tarefas. Em consequência, somos obrigados a "desviar" ou a "pisar no freio" na última hora.

Aprendemos nas aulas de química que os gases se expandem para preencher o espaço onde estão; do mesmo modo, todos já percebemos que projetos e compromissos tendem a se expandir para preencher todo o tempo dedicado a eles.

Pense só na frequência com que isso acontece em apresentações, reuniões e seminários a que comparecemos. Quantas vezes você já viu alguém tentando passar slides demais em pouco tempo? Quantas vezes já assistiu a uma palestra cujo mediador interrompeu um discurso importante porque preferiu priorizar que todo o conteúdo programado fosse transmitido ao público? Já vi isso ocorrer tantas vezes que achei muito libertador quando trabalhei com um mediador que tinha outra filosofia.

Ele estava planejando um workshop e sugeriu que fosse reservada uma hora para perguntas e comentários no final de cada sessão, em vez dos típicos 10 minutos. E explicou: "Gosto de dar bastante tempo para o caso de surgir alguma coisa." A princípio, os organizadores acharam um exagero e ele foi instruído a voltar ao formato tradicional. Mas é claro que as perguntas ultrapassaram o tempo proposto e a programação foi revista. Na vez seguinte, tudo aconteceu como esperado, mas havia uma margem de segurança embutida. A apresentação terminou na hora marcada e o próximo palestrante pôde se concentrar em passar sua mensagem, e não em correr.

Aprendi uma lição com uma mãe que conheço sobre sua preparação para sair de férias com a família. Antigamente, ela fazia as malas na véspera da viagem. Inevitavelmente, ficava acordada até tarde, sentia-se cansada, dormia muito pouco, acabava de fazer as malas pela manhã, esquecia alguma coisa, saía de casa atrasada e tinha que acelerar durante a longa viagem para compensar. No entanto, uma vez ela resolveu mudar seu esquema e começou a fazer as malas com uma semana de antecedência. Na noite da véspera, acomodou toda a bagagem no carro e, pela manhã, a única coisa que tinha a fazer era acordar as crianças e pôr todo mundo no carro. Deu certo. Saíram cedo depois de uma boa noite de sono, nada foi esquecido e, quando toparam com um engarrafamento, não houve estresse, porque havia margem de segurança para acomodar essa possibilidade. Daí por diante, além de chegarem na hora prevista ainda faziam uma viagem agradável e mais segura.

O não essencialista tende a prever sempre que tudo vai dar certo. Todos conhecemos alguém (ou somos esse alguém) que subestima cronicamente quanto tempo algo vai levar: "São só cinco minutinhos", "O projeto estará pronto na sexta-feira" ou "Vou levar no máximo um ano para escrever a minha tese". Mas é inevitável que tudo leve mais tempo: acontece algo inesperado, a tarefa se mostra mais complicada do que parecia ou a estimativa era simplesmente otimista demais. Quando isso ocorre, é preciso reagir ao problema e, inevitavelmente, o resultado é afetado. Talvez as pessoas virem a noite para terminar tudo. Pode ser que cortem algumas coisas, entreguem o projeto incompleto ou, pior, não consigam sequer concluí-lo. Ou talvez escolham alguém da equipe para levar a culpa. Seja como for, não vão conseguir alcançar o nível máximo de execução.

O essencialista age diferente. Ele prevê, planeja, prepara-se para várias contingências. Espera o inesperado, cria uma margem de segurança para lidar com imprevistos e tem espaço para manobra quando acontecem, como é inevitável.

Não essencialista	Essencialista
Pressupõe que tudo dará certo	Cria margens de segurança para acontecimentos inesperados
Força a execução de última hora	Pratica a preparação prévia e abrangente

Quando ganha um dinheirinho extra, o não essencialista tende a gastá-lo em vez de guardar para tempos difíceis. Podemos ver um exemplo disso no modo como os países reagiram à descoberta de petróleo. Em 1980, quando a Grã-Bretanha encontrou petróleo no mar do Norte, o governo, de repente, teve um aumento enorme de receita, cerca de 166 bilhões de libras numa década.[1] Há argumentos pró e contra o modo como esse dinheiro foi usado. Mas o que não se contesta é que foi usado. Em vez de criar um fundo contra desastres inesperados (como, hoje sabemos, a grande recessão que viria depois), o governo britânico o gastou de outra maneira.

Por outro lado, o essencialista usa os tempos de bonança para criar margens de segurança contra as tempestades. A Noruega também se beneficiou bastante da receita tributária do petróleo, mas, diferentemente da Grã-Bretanha, investiu boa parte dessa fortuna em um fundo.[2] Esse fundo cresceu e já chegou a extraordinários 720 bilhões de dólares; é a maior riqueza de um país soberano e serve de colchão para cenários futuros desconhecidos.[3]

O ritmo da vida parece ficar cada vez mais rápido. É como se dirigíssemos a poucos centímetros de outro carro, a 150 quilômetros por hora. Se o outro motorista fizer o menor movimento inesperado – se desacelerar um pouquinho ou se desviar alguns graus –, bateremos nele. Não há espaço para erros. Como resultado, a execução é sempre muito estressante, forçada e frustrante.

Eis algumas dicas para criar margens de segurança e impedir que o trabalho – e a sanidade – se desviem do rumo.

USE A PREPARAÇÃO ABRANGENTE

Quando fiz a pós-graduação em Stanford, aprendi que o segredo para tirar boas notas era a preparação abrangente. Assim que recebia a grade de disciplinas, eu montava um cronograma com os trabalhos de todo o semestre. Antes mesmo do primeiro dia de aula, já sabia quais eram os grandes projetos, e começava a trabalhar neles de imediato. Esse pequeno investimento em preparação reduzia o estresse do semestre inteiro, porque eu sabia que tinha tempo suficiente para terminar todos os projetos mesmo que a carga de trabalho aumentasse de repente, alguma emergência familiar me fizesse perder aulas ou acontecesse outra coisa inesperada.

Pode-se ver o valor da preparação abrangente em escala mais grandiosa na história de Roald Amundsen e Robert Falcon Scott na corrida para ser o primeiro ser humano da história moderna a chegar ao polo Sul. Ambos tinham exatamente o mesmo objetivo, mas a abordagem de cada um foi diferente uma da outra.[4] Amundsen se preparou para tudo o que pudesse dar errado; Scott torceu para que acontecesse o melhor. Só levou um termômetro na viagem e ficou furioso quando ele quebrou. Amundsen levou quatro termômetros. Scott armazenou 1 tonelada de alimentos para os 17 homens. Amundsen, 3. Scott guardou os suprimentos para a viagem de volta num só lugar, e o marcou com uma única bandeira – se saísse só um pouquinho do rumo, a equipe não o encontraria. Amundsen, por sua vez, pôs 20 marcadores, a quilômetros de distância uns dos outros, para se assegurar de que sua equipe os veria. Roald Amundsen se preparou com diligência e leu obsessivamente em preparação para viagem, ao passo que Robert Falcon Scott fez apenas o mínimo.

Enquanto Amundsen embutia folgas e margens de segurança em seu plano, de maneira deliberada, Scott torcia pelas circunstâncias ideais. Enquanto os homens de Scott sofreram de fadiga, fome e queimaduras causadas pelo gelo, a viagem da equipe de Amundsen seguiu relativamente sem problemas graves. Amundsen teve sucesso. Scott e sua equipe morreram tragicamente.

A importância da preparação abrangente também é clara nos negócios. Na verdade, esse é o exemplo usado por Jim Collins e Morten Hansen para demonstrar por que algumas empresas prosperam em circunstâncias extremas e difíceis e outras não. Ao pesquisarem 20.400 empresas, os autores descobriram que as sete que obtiveram mais sucesso na execução tinham a mesma incapacidade de prever o futuro que as menos bem-sucedidas. Mas o que elas fizeram de diferente foi admitir que não podiam prever o inesperado, então, com isso, se prepararam melhor.[5]

ACRESCENTE 50% AO PRAZO ESTIMADO

Uma amiga minha sempre acha que levará cinco minutos para chegar ao trabalho porque fez o percurso em cinco minutos *uma vez*. Na verdade, em geral, o percurso leva de 10 a 15 minutos. Esse não seria um problema muito grande por si só, mas ela é otimista demais em relação à maioria das estimativas de sua vida. Por essa razão, ela está sempre atrasada e, para piorar, sentindo-se estressada e culpada. Encontra-se presa nesse ciclo há tantos anos que nem reconhece mais que vive sob tensão constante, algo que a afetou inclusive fisicamente. Mas ela continua a acreditar que consegue chegar ao trabalho em cinco minutos – ou terminar a teleconferência em meia hora, o grande relatório em uma semana ou seja lá o que for –, e de vez em quando consegue. Mas o preço disso é alto para si mesma e para quem está por perto. Ela daria uma contribuição muito maior a todas essas iniciativas se simplesmente criasse uma margem de segurança para não precisar fazer nada com pressa.

Você já subestimou quanto tempo uma tarefa demoraria para ser executada? Se já, não foi o único. O nome desse fenômeno tão comum é "falácia do planejamento".[6] Essa expressão, cunhada por Daniel Kahneman em 1979, descreve a tendência de subestimar o tempo necessário para cumprir uma tarefa, *mesmo quando ela já foi feita antes*. Num estudo, perguntou-se a 37 universitários de quanto tempo precisariam para terminar o trabalho de conclusão de curso. Quando lhes pediram que estimassem o tempo necessário "se tudo corresse perfeitamente bem", a estimativa média foi de 27,4 dias. Quando lhes perguntaram o tempo necessário "se tudo corresse da pior maneira possível", a estimativa média foi de 48,6 dias. No final, o tempo médio que os universitários realmente levaram foi de 55,5 dias. Somente 30% dos estudantes cumpriram a tarefa no tempo estimado.[7] O curioso é que muita gente admite ter uma tendência a subestimar e, ao mesmo tempo, acredita que a estimativa atual está correta.[8]

Das várias explicações para subestimarmos o tempo que algo exigirá, acredito que a pressão social é a mais interessante. Um estudo verificou que, quando se estima de forma anônima o tempo necessário para cumprir uma tarefa, não se cai na falácia do planejamento.[9] Isso significa que muitas vezes realmente sabemos que não conseguiremos cumprir o prazo, mas não queremos admitir.

Sejam quais forem as razões, o resultado é que tendemos a nos atrasar: em reuniões, na entrega de projetos no trabalho, no pagamento das contas, etc. Assim, a execução se torna frustrante quando poderia acontecer sem atrito.

Um modo de se proteger disso é somar 50% de margem de segurança ao tempo estimado para concluir uma tarefa ou um projeto. (Se 50% lhe parecer generoso demais, pense na frequência com que as atividades realmente nos exigem 50% mais de tempo que o esperado.) Portanto, se houver uma teleconferência marcada para durar uma hora, inclua mais 30 minutos na agenda. Se estimou que levará 10 minutos para levar o filho à escolinha de futebol, saia de casa 15 minutos antes do início do treino. Além de aliviar o estresse que sentimos quando nos atrasamos (imagine como você ficaria menos estressado preso num engarrafamento se não estivesse atrasado), ao descobrir que a execução da tarefa foi mais fácil e rápida do que esperávamos (embora para a maioria essa seja uma experiência rara), o tempo ganho parece um prêmio.

FAÇA O PLANEJAMENTO DE CENÁRIOS

Erwann Michel-Kerjan, diretor-administrativo do Centro de Gestão de Riscos e Processos de Decisão da Wharton School, recomenda que todos, começando pelos chefes de Estado, desenvolvam uma estratégia de gestão de riscos. Ele trabalhou com o Banco Mundial para identificar os países mais vulneráveis do mundo às mudanças climáticas, e, em consequência, o Marrocos, identificado na época como o 58º dos 85, criou um plano de ação para cuidar das áreas de risco.[10]

Quando trabalha com governos na criação de estratégias de gestão de riscos, Erwann sugere que comecem respondendo a cinco perguntas: (1) Onde corremos riscos e quais são eles? (2) Quais populações e que patrimônios estão expostos? Em que grau? (3) Qual é a vulnerabilidade deles? (4) Que ônus financeiro esses riscos representam para indivíduos, empresas e o orçamento do governo? e (5) Como investir para reduzir riscos e aumentar a resiliência social e econômica?[11]

Podemos adaptar essas cinco perguntas a nossas tentativas de criar margens de segurança. Pense no projeto mais importante que está tentando realizar no trabalho ou em casa. Depois, responda a estas cinco perguntas: (1) Que riscos eu corro nesse projeto? (2) Qual é o pior cenário? (3) Quais seriam seus efeitos sociais? (4) Qual seria o impacto financeiro? e (5) Como posso investir para reduzir riscos ou aumentar a resiliência social ou financeira?

A resposta a essa quinta e importantíssima pergunta lhe indicará as margens de segurança – talvez aumentar o orçamento do projeto em 20%, pôr na equipe algum assessor de imprensa para cuidar da possível publicidade negativa ou convocar uma reunião de diretoria para tratar das expectativas dos acionistas – que você pode criar para se salvaguardar de acontecimentos inesperados.

Os essencialistas aceitam a realidade de que nunca poderão prever ou se preparar totalmente para todos os cenários e eventualidades; o futuro é simplesmente imprevisível demais. Em vez disso, eles impõem margens de segurança para reduzir os riscos.

CAPÍTULO 16

SUBTRAIR

Produza mais removendo obstáculos

PARA OBTER CONHECIMENTO, ACRESCENTE COISAS TODO DIA. PARA OBTER SABEDORIA, SUBTRAIA.

— *Lao-Tsé*

Na parábola administrativa *A meta*, Alex Rogo é um personagem fictício sobrecarregado pela responsabilidade de reverter em três meses a situação de uma fábrica em queda de produção.[1] A princípio, ele não vê como isso será possível. Depois, é orientado por um professor que lhe diz que haverá um progresso incrível em pouco tempo caso ele encontre as "restrições" da fábrica. As restrições seriam os obstáculos que retardam o sistema como um todo. Mesmo que tudo o mais seja aprimorado, o orientador afirma que, se não atacar as restrições, a fábrica não terá melhoras concretas.

Enquanto tenta absorver o ensinamento, Alex vai fazer uma trilha com o filho e alguns amigos. Como chefe escoteiro, é responsabilidade dele levar todos os meninos até o acampamento antes do pôr do sol. Mas fazer um grupo de garotos manter o ritmo é mais difícil do que parece, e logo Alex esbarra num problema: alguns escoteiros andam bem depressa e outros, muito devagar. Um menino específico, Herbie, é o mais lento de todos. O resultado é que a distância entre os que andam depressa na frente da fila e Herbie, o atrasado, chega a alguns quilômetros.

A princípio, Alex tenta resolver o problema fazendo o pelotão da frente parar e esperar que os outros o alcancem. Isso mantém o grupo unido por algum tempo, mas assim que todos voltam a caminhar a mesma lacuna começa a se formar outra vez.

Então Alex decide tentar outra tática. Ele põe Herbie na frente do grupo e organiza todos os outros meninos por ordem de velocidade: do mais lento ao mais rápido. Parece ilógico deixar a pessoa mais veloz no fim da fila, mas isso faz com que os garotos comecem a se deslocar como um único grupo. Cada um consegue acompanhar o que está na frente. O lado bom é que agora ele consegue ficar de olho no grupo inteiro de uma vez, e todos chegarão ao acampamento sãos e salvos e ao mesmo tempo. O lado ruim é que o grupo inteiro se desloca no ritmo de Herbie, e com isso chegará muito tarde. O que fazer?

A resposta, como Alex descobre, é fazer o máximo para facilitar a vida de Herbie. Se Herbie, na frente da fila, andar um metro a mais por hora o grupo inteiro chegará muito mais depressa. Para Alex, essa é uma ideia fascinante. Qualquer melhora de Herbie, por menor que seja, irá imediatamente aumentar o ritmo da equipe inteira. Então, ele reduz o peso da mochila de Herbie (tira de lá a comida e os suprimentos que trouxe consigo) e o distribui pelo restante dos meninos. De fato, na mesma hora isso melhora a velocidade do grupo todo. E eles chegam ao acampamento em boa hora.

Alex então tem um insight e vê que essa abordagem também pode ser aplicada à fábrica que precisa melhorar. Em vez de aprimorar cada aspecto das instalações, ele precisa identificar o "Herbie": a parte do processo que é mais lenta em relação a todas as outras. Ele faz isso descobrindo qual máquina tem a maior fila de matéria-prima à espera e dá um jeito de aumentar sua eficiência. Por sua vez, isso melhora a eficiência do próximo "caminhante lento" e assim por diante, até que a produtividade da fábrica inteira começa a crescer.

A pergunta é: qual é o "caminhante mais lento" de seu trabalho ou de sua vida? Qual é o obstáculo que o impede de alcançar o que é importante? Ao identificar e remover sistematicamente essa "restrição", você conseguirá reduzir de forma significativa o atrito que o impede de executar o essencial.

Mas não se pode fazer isso de maneira aleatória. Apenas encontrar algo a consertar aqui e ali pode provocar, no máximo, melhorias localizadas a curto prazo; na pior das hipóteses, você desperdiçará tempo e esforço aprimorando o que não tem importância. Se quiser realmente aperfeiçoar o funcionamento total do sistema – seja ele um processo de fabricação, uma prática do departamento ou uma rotina da vida cotidiana –, será preciso identificar o "caminhante mais lento".

O não essencialista aborda a execução de modo reativo e aleatório. Como vive tentando contornar as crises em vez de prevê-las, ele é forçado a aplicar soluções rápidas e fáceis – o equivalente a enfiar o dedo no furo do vazamento da represa e torcer para a coisa toda não se romper. Como acha que pode resolver na marra, acaba aplicando cada vez mais pressão, o que muitas vezes só aumenta o atrito e a frustração. Em algumas situações, quanto mais forçamos alguém, com mais força ele resiste.

Os essencialistas não recorrem a paliativos. Em vez de procurar os obstáculos mais óbvios ou imediatos, buscam os que retardam o avanço. Perguntam: "O que está nos impedindo de obter o que é essencial?" Enquanto o não essencialista se ocupa em aplicar cada vez mais pressão e empilhar soluções, o essencialista faz um único investimento em remover obstáculos. Essa abordagem vai além da simples solução de problemas; é um método de redução do esforço para maximizar o resultado.

Não essencialista	**Essencialista**
Empilha soluções rápidas	Remove obstáculos ao progresso
Faz mais	Produz mais

Produza mais eliminando mais

Aristóteles falava de três tipos de trabalho, enquanto no mundo moderno tendemos a enfatizar apenas dois. O primeiro é o trabalho teórico, cuja meta final é a verdade. O segundo é o trabalho prático, cujo objetivo é a ação. Mas há um terceiro: o trabalho poiético.[2] O filósofo Martin Heidegger descreveu *poiesis* como um "trazer à frente".[3] Esse terceiro tipo de trabalho é o jeito essencialista de abordar a execução:

O essencialista produz mais – traz mais à frente – removendo mais em vez de fazendo mais.

Muitas vezes não dedicamos tempo a realmente pensar sobre as iniciativas que produzirão ou não resultados. Mas, mesmo quando dedicamos, é mais fácil pensar na execução em termos de adição do que em subtração. Quando queremos vender mais produtos, contratamos mais vendedores. Se queremos fabricar mais mercadorias, intensificamos a produção. É claro que há indícios que comprovam que essa abordagem funciona em certa medida. No entanto, há outro jeito de pensar a melhoria do resultado. Em vez de se concentrar no esforço e nos recursos que é preciso adicionar, o essencialista se concentra nas restrições ou nos obstáculos que devem ser removidos. Quer saber como?

1. TENHA CLAREZA DO OBJETIVO ESSENCIAL

Não podemos saber quais obstáculos remover sem termos clareza do resultado desejado. Se não soubermos o que realmente tentamos obter, qualquer mudança será arbitrária. Digamos que a sua meta seja fazer um esboço de um relatório de 15 páginas, anexá-lo a um e-mail e mandá-lo para o cliente às 14 horas de quinta-feira. Observação: esse é um resultado deliberadamente preciso.

2. IDENTIFIQUE O "CAMINHANTE MAIS LENTO"

Em vez de mergulhar logo no projeto, pare por alguns minutos para refletir. Pergunte-se: "Quais são os obstáculos no meu caminho até o resultado?" e "O que me impede de concluir o projeto?". Faça uma lista desses entraves. Talvez eles incluam: falta de informações, baixo nível de energia, obsessão pela perfeição. No topo da lista inclua a resposta à questão: "Qual é o obstáculo que, se removido, fará quase todos os outros desaparecerem?"

Para identificar o "caminhante mais lento", é importante não esquecer que até atividades "produtivas" – como pesquisar, pedir informações por e-mail ou reescrever o relatório para que fique perfeito logo de primeira – podem ser obstáculos. Lembre-se: a meta desejada é terminar o esboço do relatório. Qualquer coisa que atrase a execução dessa meta tem que ser questionada.

É comum haver múltiplos obstáculos no caminho de todo objetivo essencial. No entanto, a qualquer momento, há apenas uma prioridade, e remover obstáculos arbitrários pode não fazer efeito nenhum se o obstáculo primário não se mexer. No nosso exemplo, se a dificuldade de pôr as palavras no papel é o seu obstáculo primário, você pode contratar alguém para fazer pesquisas e nem assim chegar mais perto de redigir o relatório. Portanto, do mesmo modo que Alex conserta primeiro a máquina menos eficiente, depois a segunda e assim por diante, em vez de tentar consertá-las todas ao mesmo tempo, devemos realizar a remoção dos obstáculos um a um.

3. REMOVA O OBSTÁCULO

Digamos que seu "caminhante mais lento" seja a obsessão por fazer um relatório perfeito. Talvez você tenha dezenas de ideias para melhorar o relatório, mas neste caso o objetivo essencial é enviar o esboço. Portanto, para remover o obstáculo é preciso substituir a ideia "Isso tem que ficar perfeito, senão..." por "Concluído é melhor do que perfeito". Permita-se não caprichar tanto no primeiro esboço. Com a remoção do obstáculo primário, fica mais fácil lidar com todos os outros aspectos do serviço.

O "caminhante mais lento" pode até ser outra pessoa – o chefe que não autoriza o projeto, o departamento financeiro que não aprova o orçamento ou o cliente que não assina o contrato. Para reduzir o atrito com os outros, aplique a abordagem "com mel se pegam mais moscas". Mande um e-mail para a pessoa, mas, em vez de perguntar se ela fez o serviço para você (pois obviamente não fez), vá conversar com ela. Pergunte: "Que obstáculos ou gargalos estão impedindo que você termine X e como posso ajudar a removê-los?" Em vez de importuná-la, ofereça ajuda com sinceridade. Você terá uma resposta mais cordial do que se apenas enviasse e-mails com mais cobranças.

Quando nossos filhos eram bem pequenos e eu fazia pós-graduação, minha mulher se sentia pressionada pelas demandas envolvidas em cuidar das crianças o dia todo, todos os dias, e não sabia como resolver isso. Depois que aplicamos os passos descritos anteriormente, percebemos que o obstáculo primário que a impedia de dar a máxima contribuição à vida de nossos filhos era a falta de tempo para planejar, pensar e se preparar; afinal de contas, com três crianças pequenas era quase impossível ter tempo livre, sem interrupções. Então trabalhamos para fazer um planejamento. Abri mão de muitas atividades extracurriculares para estar em casa à noite e contratamos uma pessoa para cuidar das crianças algumas horas por semana. Como resultado, conseguimos estar mais profundamente envolvidos e presentes no tempo que passávamos com nossos filhos. Ou seja: na verdade ambos acabamos fazendo menos, porém melhor.

Remover obstáculos não precisa ser difícil nem exigir um esforço sobre-humano. Em vez disso, pode-se começar em pequena escala. É como deslocar um pedregulho no alto de um morro. Primeiro é preciso só um empurrãozinho; depois, o impulso aumentará naturalmente.

Capítulo 17

AVANÇAR

O poder das pequenas vitórias

Faça a cada dia algo que o aproxime um pouco mais de um amanhã melhor.

— *Doug Firebaugh*

Suponha que a polícia mande você parar o carro. Por acaso se perguntaria se a multa seria boa ou ruim? Claro que não. Todo mundo sabe que todas as multas são ruins, certo? Mas uma inovadora delegacia de polícia de Richmond, no Canadá, acha que esse pressuposto deveria ser repensado.[1]

Existe uma abordagem já estabelecida para combater o crime: aprove leis novas e mais duras, imponha penas mais longas ou adote iniciativas de tolerância zero. Em outras palavras, faça mais do que já se faz, só que com mais intensidade. Durante anos, o Departamento de Polícia de Richmond adotou essas práticas básicas e antigas dos sistemas de policiamento do mundo inteiro e obteve o resultado típico: 65% de reincidência em crimes e aumento da criminalidade juvenil. Até que Ward Clapham, um novo superintendente jovem e de ideias avançadas, chegou e as questionou.[2] "Por que todas as nossas iniciativas de policiamento têm que ser tão reativas, tão negativas, tão posteriores aos fatos? E se, em vez de focar apenas a prisão de criminosos e distribuir punições ainda mais severas depois que cometeram o crime, a polícia dedicasse esforço e recursos significativos para eliminar o comportamento criminoso *antes* que acontecesse?" Para citar Tony Blair, e se fossem duros com o crime mas também com as causas do crime?[3]

Dessas perguntas veio a ideia original das Multas Positivas, programa no qual a polícia, em vez de se concentrar em prender jovens que cometessem crimes, se voltaria para jovens que fizessem algo de bom – coisas simples como jogar o lixo na lixeira e não no chão, usar capacete ao pedalar, andar de skate na área designada ou chegar à escola na hora certa – e lhes daria uma "multa" pelo comportamento positivo. É claro que essa "multa" não seria como as de trânsito, que exigem o pagamento de determinada quantia; seria um vale a ser trocado por alguma pequena recompensa, como ingressos para o cinema ou um espetáculo local – atividades saudáveis que também tivessem o bônus de manter os jovens fora das ruas e longe de problemas.

O resultado da iniciativa não convencional de Richmond para repensar o trabalho de policiamento foi incrível. Levou algum tempo, mas a polícia investiu na abordagem como estratégia de longo prazo e, uma década depois, o sistema de Multas Positivas reduziu a reincidência de 65% para 8%.

As delegacias de polícia não são exatamente o tipo de lugar em que se espera ver o essencialismo em ação, mas na verdade o sistema de Multas Positivas de Ward é uma lição sobre a prática da execução sem esforço.

O não essencialista vai com tudo para cima do problema: tenta fazer tudo, ter tudo, encaixar tudo. Ele age sob a falsa lógica de que, quanto mais trabalhar, mais conseguirá, mas a realidade é que, quanto mais tentamos alcançar as estrelas, mais difícil fica sair do chão.

O essencialista é diferente. Em vez de realizar tudo – e tudo ao mesmo tempo –, ele começa pequeno e comemora o progresso. Em vez de correr atrás das grandes vitórias chamativas que na verdade não importam, o essencialista busca vitórias pequenas e simples nas áreas essenciais.

Não essencialista	Essencialista
Começa com uma meta grande e obtém resultados pequenos	Começa pequeno e obtém grandes resultados
Busca as vitórias mais chamativas	Comemora pequenas conquistas rumo à meta

Ao flagrar e recompensar as pequenas vitórias dos moradores, a abordagem de Ward Clapham se valeu do poder de comemorar o progresso. Num exemplo comovente, um policial abordou um adolescente que salvara uma menina de ser atropelada, lhe deu uma Multa Positiva e disse: “Hoje você realizou algo grandioso. Pode fazer diferença no mundo.” O garoto foi para casa e pendurou a Multa Positiva no mural do quarto. Algumas semanas depois, a mãe lhe perguntou se não iria buscar sua recompensa. Para sua surpresa, ele respondeu que nunca trocaria a multa. Um adulto lhe dissera que podia ser alguém, e isso valia mais do que pizza ou boliche de graça.

Multiplique esse tipo de interação positiva 40 mil vezes por ano durante 10 anos e é possível entender por que essa ideia começou a fazer diferença. Toda vez que era reconhecido e elogiado por fazer algo de bom, o jovem se sentia muito mais motivado para continuar agindo assim, até que, finalmente, esse tipo de atitude se tornou natural e sem esforço.

Quando queremos gerar grandes mudanças, costumamos pensar que é preciso liderar algo imenso e grandioso, como um executivo conhecido meu que anunciou, com estardalhaço, que decidira construir para as filhas uma elaborada casa de bonecas. No entanto, pouco tempo depois acabou abandonando o projeto por considerá-lo trabalhoso demais. Há nisso uma lógica fascinante: para fazer algo grande, temos que começar por

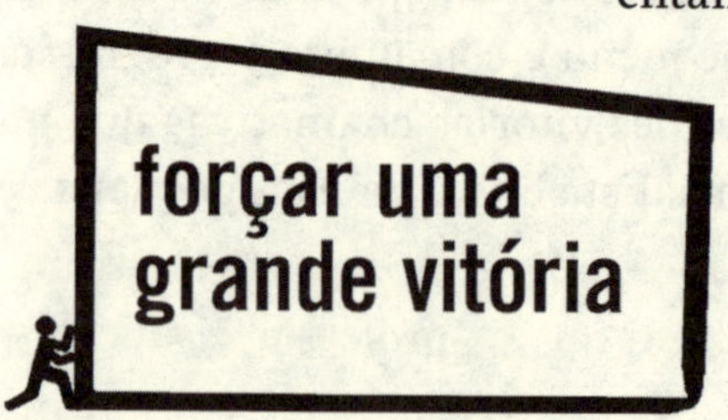

criar pequenas vitórias

algo grande. No entanto, é fácil lembrar de "grandes" iniciativas empresariais que nunca deram em nada – exatamente como a casa de bonecas daquele executivo.

Pesquisas mostram que, de todas as formas de motivação humana, a mais eficaz é o progresso. Isso porque uma pequena vitória concreta dá impulso e aumenta a fé no sucesso futuro. No artigo "One More Time: How Do You Motivate Employees?" (Mais uma vez: como motivar funcionários?), de 1968, um dos textos mais populares de todos os tempos da revista *Harvard Business Review*, Frederick Herzberg revela dados de pesquisas mostrando que os dois principais motivadores internos são a realização de algum feito e o reconhecimento recebido pela realização.[4] Mais recentemente, Teresa Amabile e Steven Kramer reuniram registros de diários de centenas de pessoas anônimas sobre milhares de dias de trabalho. Com base nessas reflexões, os dois concluíram que "o progresso cotidiano, mesmo uma pequena vitória", pode fazer uma enorme diferença no modo como os indivíduos se sentem e se comportam. "De todas as coisas capazes de promover motivação no dia de trabalho, a mais importante é ter progresso em uma atividade significativa", disseram.[5]

Em vez de começar grande e se esgotar sem ter nada para mostrar além do desperdício de tempo e energia, para realizar coisas realmente essenciais é preciso começar pequeno e ir aumentando o impulso. Então é possível usar esse impulso para trabalhar rumo à próxima vitória, depois à seguinte e assim por diante, até haver um avanço significativo – então o progresso se tornará tão natural e sem esforço que o avanço parecerá um sucesso instantâneo. Como escreveu Henry B. Eyring, ex-professor e educador da Universidade de Stanford:

Minha experiência me ensinou o seguinte sobre o aprimoramento de pessoas e empresas: o melhor lugar para buscá-lo é nas pequenas mudanças que podem ser obtidas naquilo que se faz com frequência. Há poder na constância e na repetição.[6]

Quando almocei com o Dr. Phil Zimbardo, ex-presidente da Associação Americana de Psicologia, eu o conhecia principalmente como o criador do famoso experimento da prisão de Stanford.[7] No verão de 1971, Zimbardo selecionou alunos saudáveis de Stanford, distribuiu entre eles os papéis de "carcereiros" e "presos" e os trancou numa "prisão" improvisada no porão da universidade. Em poucos dias, os "prisioneiros" passaram a manifestar sintomas de depressão e estresse extremo, enquanto os "carcereiros" começaram a agir de maneira cruel e sádica (o experimento foi encerrado antes do prazo, por razões óbvias). A questão é que o mero fato de serem *tratados* como prisioneiros e carcereiros criou, no decorrer de poucos dias, um impulso que levou os participantes a *agir* como tais.

O experimento da prisão de Stanford é lendário, e muito se escreveu sobre suas inúmeras implicações. Mas eu queria saber o seguinte: se apenas o fato de serem tratados de certa maneira condicionou aqueles alunos de Stanford a adotar aos poucos os comportamentos negativos, será que o mesmo tipo de condicionamento funcionaria com comportamentos mais positivos?

Na verdade, hoje Zimbardo tenta realizar um grandioso experimento social nessa linha chamado "Projeto da Imaginação Heroica".[8] A lógica é aumentar a probabilidade de alguém agir com coragem ensinando-lhe os princípios do heroísmo. Ao estimular e recompensar atos heroicos, Zimbardo acredita que podemos, de forma consciente e deliberada, criar um sistema no qual atos heroicos finalmente se tornem naturais e sem esforço.

Temos escolha. Podemos usar nossa energia para criar um sistema que torne fácil a execução de ações produtivas ou podemos nos resignar com um sistema que na verdade dificulta a produtividade.

O sistema de Multas Positivas de Ward adotou a primeira linha e deu certo. Somos capazes de aplicar o mesmo princípio às escolhas que fazemos ao projetar sistemas na vida.

Eu e Anna, minha mulher, tentamos incorporar essas ideias ao sistema de criar filhos. Em certo momento, ficamos preocupados com o tempo que as crianças passavam diante de telas. Somando televisão, computador, tablets e celulares, fica fácil demais perder tempo com entretenimento não essencial. Mas, naturalmente, nossa tentativa de fazê-los mudar de hábito provocou atrito. As crianças sempre reclamavam quando desligávamos a televisão ou tentávamos limitar o "tempo de tela". E nós, como pais, tínhamos que policiar a situação conscientemente, o que nos afastava de fazer o que era essencial.

Então criamos um sistema de fichas.[9] As crianças recebiam 10 fichas no início da semana. Podiam trocar cada uma por meia hora de tela ou 50 centavos no final da semana, num total de 5 dólares ou 5 horas de tela por semana. Quem lesse um livro durante meia hora ganharia uma ficha a mais, que poderia ser trocada por tela ou dinheiro. O resultado foi incrível: da noite para o dia, o tempo de tela caiu 90%, a leitura aumentou na mesma proporção e o esforço geral que dispendíamos para policiar o sistema despencou. Em outras palavras, o número de atividades não essenciais foi drasticamente reduzido e o de atividades essenciais aumentou. Depois de investirmos apenas um pequeno esforço inicial para montar o sistema, ele funcionou sem atritos.

Todos podemos criar sistemas assim, em casa e no trabalho. O segredo é começar pequeno, estimular o progresso e comemorar as pequenas vitórias. Conheça algumas técnicas.

CONCENTRE-SE NO PROGRESSO MÍNIMO VIÁVEL

Uma crença comum no Vale do Silício é: "Concluído é melhor do que perfeito."[10] Isso não quer dizer que devamos produzir qualquer porcaria, mas sim deixar de perder tempo com o que não é essencial e fazer o que precisa ser feito. Nos círculos empresariais, o conceito é expresso como criação do "produto mínimo viável".[11] A ideia é: "Qual é o produto mais simples possível que seria útil e valioso para o cliente que pretendemos alcançar?"

Do mesmo modo, é possível adotarmos o método do "progresso mínimo viável". Podemos nos perguntar: "Qual é o menor progresso que seria útil e valioso para a tarefa essencial que queremos cumprir?" Usei essa prática para escrever este livro. Por exemplo, ainda na fase de exploração, antes mesmo de começar a redigir o texto, eu publicava uma ideia curta (meu produto mínimo viável) no Twitter. Se ela repercutisse por lá, eu escrevia um texto no blog da *Harvard Business Review*. Com a repetição desse processo que exigia pouquíssimo esforço, consegui descobrir se o que eu pensava dialogava com os aspectos que as outras pessoas consideravam mais relevantes.

É o mesmo processo que a Pixar usa em seus desenhos animados. Em vez de começarem com roteiros, eles partem de storyboards – ou, como se costuma explicar, a versão em quadrinhos do filme. Vão experimentando ideias e vendo o que dá certo. Fazem isso em pequenos ciclos, centenas de vezes. Depois mostram um filme a pequenos grupos para receber feedback. Isso lhes permite aprender o mais depressa possível com o mínimo de esforço. Como disse John Lasseter, diretor de criação da Pixar e agora da Disney: "Na verdade, não terminamos nossos filmes – nós os lançamos."[12]

FAÇA A PREPARAÇÃO MÍNIMA VIÁVEL

Existem duas maneiras de abordar uma meta ou um prazo importantes: pode-se começar cedo e pequeno ou tarde e grande. "Tarde e grande" significa realizar tudo na última hora: virar noites e "fazer acontecer". "Cedo e pequeno" quer dizer começar quanto antes com o mínimo investimento possível de tempo.

Muitas vezes, 10 minutos investidos num projeto ou numa tarefa duas semanas antes do encerramento do prazo podem evitar muito estresse e correria frenética de última hora. Pegue uma meta ou um prazo que terá que cumprir e pergunte-se: "Qual é o mínimo que posso fazer agora mesmo para me preparar?"

Um líder e palestrante extremamente inspirador explicou que seu segredo é começar a elaborar as palestras seis meses antes. Ele não prepara o discurso inteiro; só começa. Se você tiver uma apresentação para fazer daqui a algumas semanas ou alguns meses, abra um arquivo de texto agora mesmo e passe quatro minutos listando ideias. Depois, salve e feche o arquivo. Não leve mais do que quatro minutos. Apenas comece.

Uma colega de Nova York usa um truque simples: sempre que ela agenda uma reunião ou um telefonema, leva exatos 15 segundos para listar os objetivos principais. Assim, no dia marcado, quando se senta para preparar as questões a serem tratadas, pode consultar sua lista. Não é preciso planejar toda a pauta da reunião. Apenas alguns segundos de preparação geram resultados valiosos.

RECOMPENSE VISUALMENTE O PROGRESSO

Muitos pais e professores usam como método de reforço positivo um quadro ou mural em que vão colocando uma estrelinha cada vez que a criança faz alguma coisa que eles gostariam de encorajar. Pode ser sempre que o filho come as verduras do prato, vai dormir na hora certa ou arruma o quarto. Ou sempre que o aluno faz o dever de casa, ajuda na aula ou entrega um trabalho antes do prazo, por exemplo. Se você já foi premiado em algum sistema desse tipo, sabe como é estimulante receber esse reconhecimento visual.

Existe algo poderoso em ver o progresso rumo a uma meta. Por que não aplicar a mesma técnica às metas essenciais, em casa ou no trabalho?

Quando começamos pequeno e recompensamos o progresso, acabamos conseguindo mais do que quando estabelecemos metas grandes, elevadas e, muitas vezes, impossíveis. Como bônus, o ato de reforçar positivamente o sucesso nos permite obter mais satisfação e prazer com o processo.

Capítulo 18

FLUIR

A genialidade da rotina

Num homem inteligente,
rotina é sinal de ambição.

— W. H. Auden

Anos antes de ganhar a medalha de ouro nas Olimpíadas de Pequim, em 2008, o nadador Michael Phelps já seguia a mesma rotina em todas as provas.[1] Chegava com duas horas de antecedência. Alongava-se e relaxava seguindo um padrão exato: 800 metros de nado medley, 50 de nado livre, 600 só batendo os pés – segurando uma prancha –, 400 com a boia entre as pernas, etc. Depois do aquecimento, enxugava-se, colocava os fones de ouvido e se sentava – nunca se deitava – na mesa de massagem. A partir daí, ele e Bob Bowman, o treinador, não trocavam uma palavra até o final da prova.

Faltando 45 minutos para a competição, ele se vestia. Trinta minutos e entrava na piscina de aquecimento, para nadar 600 a 800 metros. Restando 10 minutos, andava até a sala de espera. Sentava-se sozinho, nunca ao lado de alguém. Gostava de manter as cadeiras ao seu lado vazias para as suas coisas: os óculos de um lado, a toalha do outro. Quando chegava a hora, ele andava até os blocos de largada. Lá, fazia o de sempre: dois alongamentos, primeiro com pernas esticadas, depois com o joelho dobrado. Perna esquerda antes, sempre. Então tirava o fone direito. Quando chamavam o seu nome, tirava o esquerdo. Subia no bloco de largada sempre pela esquerda. Secava-o todas as vezes. Depois se erguia e girava os braços de modo que as mãos batessem nas costas.

Phelps explica: "É só uma rotina. Minha rotina. A que sigo a vida inteira. Não vou mudar." O técnico Bob Bowman elaborou com ele essa sequência física. Mas não é tudo. Também deu a Phelps um roteiro em que pensar quando fosse dormir e logo ao acordar. Ele o chamou de "assistir ao vídeo",[2] que era simplesmente a visualização da prova perfeita. Com detalhes minuciosos e em câmera lenta, Phelps visualizava cada momento: a posição inicial no alto dos blocos, cada uma das braçadas e até a saída da piscina, vitorioso, com a água escorrendo pelo rosto.

Phelps não seguia essa rotina mental apenas de vez em quando. Ele fazia isso todos os dias antes de dormir e ao acordar, durante anos. Quando queria desafiá-lo nos treinos, Bob gritava: "Passe o vídeo!" e Phelps se forçava a ir além dos limites. Por fim, a rotina mental ficou tão profundamente entranhada que Bob mal precisava lembrar-lhe da visualização antes da corrida. Phelps estava sempre pronto para "apertar o *play*". Quando lhe indagaram sobre a rotina, Bowman explicou:

> Se alguém perguntar a Michael o que lhe passa pela cabeça antes das competições, ele vai dizer que não pensa em nada. Só segue o programa. Mas não é bem isso. É que os hábitos o dominaram. Quando chega a competição, ele já passou por metade do plano e foi vitorioso a cada passo. Todos os alongamentos foram feitos como planejou. As voltas de aquecimento se deram exatamente como visualizou. A competição real é apenas mais um passo num padrão que começou antes e que só teve vitórias. Vencer é uma extensão natural.[3]

Como todos sabemos, em 2008 Phelps conquistou o recorde de oito medalhas de ouro nos Jogos Olímpicos de Pequim. Quando visitei a cidade anos depois do feito extraordinário do nadador, não pude deixar de pensar no modo como ele e outros atletas olímpicos fazem todas essas façanhas impressionantes parecerem tão fáceis. É claro que os atletas de alto nível treinam mais tempo e com mais intensidade do que todos os outros; mas, quando entram na piscina, na pista, no ringue, tudo parece absolutamente fácil. É mais do que uma simples extensão natural do treinamento. É a confirmação da genialidade da rotina certa.

O não essencialista acha que as coisas essenciais só são feitas à força. Que a execução é pura questão de esforço.

O essencialista pensa diferente. Ele elabora uma rotina que transforma em posição padrão a conquista do que foi identificado como essencial. É claro que em certos casos os essencialistas ainda têm que trabalhar com afinco, mas com a aplicação da rotina correta cada esforço produz resultados exponencialmente maiores.

Não essencialista	**Essencialista**
Tenta executar à força o que é essencial	Elabora uma rotina que preserva o essencial, tornando a execução algo que quase não exige esforço
Permite que itens não essenciais sejam o padrão	Faz do essencial a posição padrão

Fazer com que pareça fácil

A rotina é uma das ferramentas mais poderosas para remover obstáculos. Sem ela, a atração das distrações não essenciais nos domina. Mas se criarmos uma rotina capaz de preservar o essencial, começaremos a executá-la no piloto automático. Em vez de buscarmos conscientemente o essencial, ele acontecerá sem precisarmos pensar a respeito. Não teremos que gastar energia todo dia priorizando tudo. Gastaremos apenas um pouquinho de energia inicial para elaborar a rotina e depois bastará segui-la.

Há um conjunto imenso de pesquisas científicas que descrevem o mecanismo pelo qual a rotina permite tornar fáceis as coisas difíceis. Uma explicação simplificada é que, quando cumprimos determinada tarefa, os neurônios criam novas conexões pelas vias de comunicação chamadas sinapses. Com a repetição, as conexões se fortalecem, e ativá-las fica mais fácil para o cérebro. Por exemplo, quando aprendemos uma palavra nova, são necessárias várias repetições a intervalos diferentes para que ela seja dominada. Para recordá-la depois, é preciso ativar as mesmas sinapses, até que, afinal, você sabe a palavra sem pensar conscientemente nela.[4]

Um processo semelhante explica por que, quando vamos do ponto A ao ponto B todos os dias, podemos acabar fazendo o percurso sem pensar nele de maneira consciente, ou por que quando preparamos certo prato algumas vezes não precisamos mais consultar a receita, ou por que qualquer tarefa mental fica mais fácil a cada vez que tentamos executá-la. Com a repetição, dominamos a rotina e a atividade vira um hábito.

Nossa habilidade de executar o essencial, assim como qualquer outra, melhora com a prática. Pense na primeira vez que precisou desempenhar uma função importante no trabalho. A princípio, se sentiu um novato, provavelmente inseguro e desconfortável. O esforço para se concentrar esgotou sua força de vontade. Instalou-se a "fadiga decisória". Provavelmente, você se distraiu à toa. Isso é normal. Mas, depois de cumprir a função várias vezes, você ganhou confiança. Não se distraiu mais. Conseguiu realizá-la melhor e mais depressa, com menos esforço e sem precisar se concentrar tanto. Esse poder da rotina nasce da capacidade do cérebro de assumir o controle total até o processo se tornar inconsciente.

Também existe outra vantagem cognitiva na rotina. Depois que o trabalho mental passa para os gânglios basais, o espaço da mente é liberado para se concentrar em outra coisa. Isso nos permite executar uma atividade essencial no piloto automático e, ao mesmo tempo, nos envolver ativamente em outra sem sacrificar o nível de foco e contribuição. "Na verdade, o cérebro começa a trabalhar cada vez menos", diz Charles Duhigg, autor do livro *O poder do hábito*. "O cérebro pode se desligar quase completamente. [...] E essa é uma verdadeira vantagem, porque significa que você tem toda aquela atividade mental para dedicar a outra coisa."[5]

Para alguns, a criatividade e a inovação são aniquiladas na rotina – o supremo exercício do tédio. E as rotinas realmente podem ficar assim – mas as rotinas erradas. As certas podem melhorar a inovação e a criatividade, pois poupam nossa energia. Em vez de gastar nosso suprimento limitado de disciplina tomando as mesmas decisões várias vezes, quando incorporamos as decisões à rotina canalizamos essa disciplina para outra atividade essencial.

O trabalho de Mihaly Csikszentmihalyi sobre criatividade demonstra que pessoas muito criativas usam rotinas rígidas para liberar a mente:

> A maioria dos indivíduos criativos logo descobre qual é seu melhor ritmo para dormir, comer e trabalhar, e obedece a ele mesmo quando é tentador fazer outra coisa [...]. Eles usam roupas confortáveis, só interagem com pessoas por quem sentem afinidade, só fazem o que acham relevante. É claro que essas idiossincrasias podem não ser agradáveis para aqueles com quem têm que conviver. [...] Mas personalizar padrões de ação os ajuda a libertar a mente das expectativas que exigem atenção e permite uma concentração intensa no que realmente importa.[6]

O CEO de uma das empresas mais inovadoras do Vale do Silício tem uma rotina que, à primeira vista, parece chata e fatal para a criatividade. Uma vez por semana, ele faz uma reunião de três horas de duração que começa às 9 da manhã. Ela nunca foi cancelada nem remarcada. É obrigatória, de modo que todos os executivos sabem que nunca devem marcar nenhuma viagem que coincida com ela. Se for às 9 horas da manhã de segunda-feira, todos estarão lá. É uma disciplina. À primeira vista, não há nada de muito especial nisso. Mas a qualidade das ideias que surgem nessa reunião regular é especial. Como o diretor eliminou o custo mental envolvido em planejar a reunião ou em pensar em quem comparecerá ou não, todos podem se concentrar na solução criativa de problemas. E, na verdade, a equipe faz com que ter ideias e soluções criativas pareça fácil e natural.

O poder da rotina certa

De acordo com pesquisadores da Universidade Duke, quase 40% das nossas escolhas são profundamente inconscientes.[7] Não pensamos nelas no sentido costumeiro antes de tomá-las. O bom disso é que podemos desenvolver novas habilidades que acabam se tornando instintivas. O perigo é desenvolvermos rotinas contraproducentes. Se não houver total atenção e consciência, podemos nos enredar em hábitos não essenciais, como verificar e-mails no instante em que nos levantamos pela manhã, comprar doces no caminho de casa todo dia ou passar a hora do almoço acessando redes sociais em vez de usar esse tempo para pensar, refletir, recarregar as energias ou interagir com amigos e colegas.

Então como descartar as rotinas que nos mantêm presos a hábitos não essenciais e substituí-las por outras que façam com que a execução do que é essencial seja realizada quase sem esforço?

REFORMULE SEUS GATILHOS

A maioria de nós tem algum hábito comportamental que quer mudar, seja comer menos bobagens, desperdiçar menos tempo ou se preocupar menos. Mas, quando tentamos, descobrimos que mudar o menor e mais simples dos hábitos é extremamente difícil. Parece haver uma força da gravidade nos puxando para aquelas batatas fritas, aquele site cheio de fotos de bichos engraçados ou a espiral de preocupações com coisas que não controlamos. Como resistir à poderosa atração desses hábitos?

Numa entrevista sobre o livro *O poder do hábito*, Charles Duhigg disse:

> Nos últimos 15 anos, aprendemos muito sobre o funcionamento dos hábitos e como mudá-los. Os cientistas explicaram que todo

hábito se compõe de deixa, rotina e recompensa. A deixa é o gatilho que diz ao cérebro para entrar no modo automático e usar este ou aquele hábito. Depois há a rotina, o comportamento propriamente dito, que pode ser físico, mental ou emocional. Por fim, vem a recompensa, que ajuda o cérebro a perceber se valerá a pena recordar esse hábito específico no futuro. Com o tempo, esse ciclo deixa-rotina-recompensa, deixa-rotina-recompensa se torna mais automático e a deixa e a recompensa se entrelaçam neurologicamente.[8]

Isso significa que, se queremos mudar a rotina, não precisamos mudar o comportamento em si. Em vez disso, precisamos encontrar a deixa que provoca a atividade ou o comportamento não essencial e dar um jeito de associar esta mesma deixa a algo essencial. Por exemplo, se ao voltar para casa você passa por uma padaria e tem vontade de comprar um bolo, na próxima vez que passar por ela aproveite a deixa e compre uma salada no restaurante do outro lado da rua. Ou se o som do despertador pela manhã o faz verificar e-mails, use-o como deixa para se levantar e ler um livro. A princípio, será difícil vencer a tentação de entrar na padaria ou olhar os e-mails. Mas a cada vez que executar o novo comportamento, você fortalecerá o vínculo cerebral entre a deixa e ele, e logo, de forma *subconsciente e automática*, você se verá seguindo a nova rotina.

CRIE NOVOS GATILHOS

Se a meta é estabelecer mudanças comportamentais, não devemos nos restringir apenas às deixas existentes; podemos criar outras para provocar a execução de alguma rotina essencial. Usei essa técnica para desenvolver a rotina de escrever num diário, e para mim deu supercerto. Durante muito tempo, só escrevi nele esporadicamente. Adiava esse momento ao longo do dia; à noite, pensava: “Faço isso de manhã.” Mas, inevitavelmente, não fazia e, na noite seguinte, tinha que escrever sobre dois dias, e era coisa demais. Aí adiava de novo. E assim por diante. Então alguém me disse que desenvolvera a rotina de escrever algumas linhas à mesma hora todo dia. Parecia algo simples, mas eu sabia que precisaria de alguma deixa que me lembrasse de escrever na hora marcada todo dia, senão continuaria a adiar como vinha fazendo. E comecei a pôr o diário na pasta, ao lado do celular. Desse jeito, quando tiro o celular da pasta para carregá-lo toda noite, vejo o diário, e isso me leva a escrever nele. Hoje é instintivo, natural. Já faz mais de 15 anos que comecei e sigo firme nesse hábito.

FAÇA O MAIS DIFÍCIL PRIMEIRO

Ray Zinn é fundador e presidente-executivo da Micrel, empresa de semicondutores do Vale do Silício. Tem 83 anos, num setor e numa cidade que costumam exaltar garotos de 20 e poucos anos que largaram a faculdade. Em 1978, ele e o sócio investiram 300 mil dólares para abrir a empresa, que dá lucro todos os anos desde a fundação (a não ser no ano em que consolidaram duas fábricas). A partir do momento em que abriram o capital, as ações nunca caíram abaixo do preço de lançamento. Ray credita esse sucesso ao foco extremamente disciplinado na lucratividade.

Ele comanda a empresa há mais de 40 anos e, durante todo esse período, segue a mesma rotina: acorda às 5h30, inclusive aos sábados e domingos (como faz há mais de 50 anos). Depois, pratica uma hora de exercícios. Toma o café da manhã às 7h30 e chega ao serviço às 8h15. O jantar é às 18h30 com a família. Vai dormir às 22 horas. Mas o que realmente permite a Ray dar o nível máximo de contribuição é que sua rotina, durante o dia inteiro, é dominada por uma única regra: "Focalize primeiro o mais difícil." Como Ray me explicou: "Já temos coisa demais em que pensar. Por que não eliminar algumas criando uma rotina?"

Use essas dicas para desenvolver a rotina de cumprir a tarefa mais difícil logo pela manhã. Descubra uma deixa – aquele primeiro cafezinho, o alarme do celular ou qualquer coisa que você esteja acostumado a fazer logo cedo – para levá-lo a se concentrar no mais difícil.

MISTURE AS ROTINAS

É verdade que fazer as mesmas coisas à mesma hora, dia após dia, fica chato. Para evitar esse tipo de fadiga, não há por que não ter rotinas diferentes para cada dia da semana. Jack Dorsey, um dos fundadores do Twitter e criador da Square, tem uma abordagem interessante da rotina semanal. Ele a dividiu em temas. Segunda-feira é para reuniões gerenciais e "administrar a empresa". Terça-feira, para desenvolvimento de produtos. Quarta-feira, marketing, comunicações, inovação. Quinta-feira, desenvolvedores e parcerias. Sexta-feira é para a empresa e sua cultura.[9] Essa rotina ajuda a acalmar o caos de uma empresa nova com crescimento rápido. Permite que ele concentre a energia num único tema por dia em vez de se sentir puxado em todas as direções. Ele segue essa rotina todas as semanas, sem exceção, e com o tempo os outros aprendem e organizam reuniões e solicitações em torno dela.

ATAQUE AS ROTINAS UMA DE CADA VEZ

Como vimos no capítulo anterior, para ter grandes resultados precisamos começar pequeno. Portanto, comece com uma única mudança da rotina diária ou semanal e depois aumente o progresso a partir daí.

Não quero insinuar que essas mudanças são fáceis. Muitas rotinas não essenciais são profundas e emocionais. Formaram-se no calor de emoções fortes. A ideia de que basta estalar os dedos para substituí-las por outras é ingênua. Aprender novas habilidades essenciais nunca é fácil. Mas depois que as dominamos e as tornamos automáticas, conquistamos uma enorme vitória, porque a habilidade continua conosco pelo resto da vida. O mesmo acontece com as rotinas certas. Depois de estabelecidas, são dádivas que não param de contribuir para a realização de suas metas.

Capítulo 19

FOCALIZAR

O que é importante agora?

A vida só está disponível no momento presente. Quem abandona o presente não pode viver profundamente os momentos da vida cotidiana.

— *Thich Nhat Hanh*

Larry Gelwix treinou o time de rúgbi da Highland High School, do estado americano de Utah, e obteve 418 vitórias contra apenas 10 derrotas e conquistou 20 campeonatos nacionais em 36 anos. Sua receita para o sucesso é manter os jogadores totalmente no momento presente, concentrados no que é mais importante – não no jogo da semana que vem, no treino de amanhã, na próxima partida, mas no *aqui e agora*. Com isso, Larry faz com que as vitórias quase não exijam esforço. Mas como?

Em primeiro lugar, em vez de os jogadores repassarem na mente o último jogo que deu errado ou gastarem energia mental preocupados em não perder a partida, coisas que não ajudam nem são construtivas, os atletas são estimulados a focalizar apenas o jogo em que estão *neste momento*.

Em segundo lugar, Larry os ajuda a manter o foco no modo como *estão jogando*. Ele faz com que se perguntem: "O que é importante agora?", pois acredita que uma parte imensa da vitória é determinada pelo foco dos jogadores: no próprio jogo ou no jogo do adversário. Quando começam a pensar no outro time, os jogadores perdem o foco. Conscientemente ou não, começam a querer jogar como o outro time. Distraem-se, dividem-se. Quando mantêm o foco no *próprio* jogo, aqui e agora, conseguem todos se unir em torno de uma única estratégia. Esse nível de unidade torna relativamente sem atrito a execução do plano de jogo.

Na verdade, Larry tem uma visão basicamente essencialista sobre a vitória e a derrota. Como diz aos jogadores: "Há uma diferença entre perder e ser vencido. Ser vencido significa que eles são melhores do que nós. São mais rápidos, mais fortes e mais talentosos." Para Larry, perder significa outra coisa. Significa que abandonamos o foco. Significa que não nos concentramos no que era essencial. Tudo se baseia numa ideia simples e poderosa: para atuar no nível máximo de contribuição, é preciso sintonizar deliberadamente o que é importante aqui e agora.

Só o agora existe

Pense em como isso se aplica à vida. Você já se sentiu preso, revivendo erros do passado, várias e várias vezes, como num vídeo em eterno replay? Já gastou tempo e energia se preocupando com o futuro? Fica cada vez mais tempo pensando em coisas que não pode controlar em vez de naquilo que pode controlar nas áreas onde o seu esforço é importante? Já se viu ocupado tentando se preparar mentalmente para a próxima reunião, a próxima tarefa ou a próxima fase da vida em vez de estar totalmente presente no momento atual? É humano e natural ficar obcecado com os erros do passado ou se sentir tenso com o que pode estar à nossa espera. Mas cada segundo se preocupando com momentos passados ou futuros nos distrai do que é importante aqui e agora.

Os gregos antigos tinham duas palavras para a noção moderna de *tempo*. A primeira era *khrónos*. A segunda, *kairós*. *Khrónos* tem a ver com o tempo do relógio, o tempo cronológico, do tipo que medimos (e nos faz correr na tentativa de usá-lo com eficiência). *Kairós* é diferente. Embora difícil de traduzir com exatidão, a palavra se refere ao tempo oportuno, certo, diferente. *Khrónos* é quantitativo; *kairós*, qualitativo. Só se vivencia este último quando estamos inteiros no momento presente – quando existimos no *agora*.

É fascinante e ao mesmo tempo desconcertante pensar que, em termos práticos, só temos o agora. Literalmente, não podemos controlar o futuro, só o momento atual. É claro que aprendemos com o passado e podemos imaginar o futuro. Mas só aqui e agora podemos executar o que realmente importa.

Os não essencialistas tendem a ficar tão preocupados com sucessos e fracassos do passado e com oportunidades e desafios do futuro que deixam passar o momento presente. Distraem-se. Não têm foco. Não estão de fato aqui.

O essencialista sintoniza o presente. Leva a vida em *kairós*, não só em *khrónos*. Concentra-se no que realmente interessa – não no ontem nem no amanhã, só no agora.

Não essencialista	**Essencialista**
A mente não para de pensar no passado ou no futuro	A mente focaliza o presente
Pensa no que foi importante ontem ou será importante amanhã	Sintoniza o que é importante agora mesmo
Preocupa-se com o futuro, estressa-se com o passado	Desfruta o momento

Certa vez, eu e Anna nos encontramos para almoçar num dia de semana bem cheio de coisas para fazer. Em geral, quando almoçamos juntos ficamos tão ocupados contando um ao outro os acontecimentos da manhã ou planejando atividades para a noite que nos esquecemos de aproveitar o almoço juntos, o aqui e agora. Então, dessa vez, quando a comida chegou, Anna sugeriu um experimento: focalizar apenas o momento. Não repassar as reuniões da manhã nem combinar quem buscaria as crianças na aula de caratê nem decidir o que prepararíamos no jantar. Comeríamos devagar, conscientes, focados no presente. Topei na mesma hora.

Enquanto dava a primeira garfada lenta, algo aconteceu. Prestei atenção na minha respiração. Depois, vi que ela foi desacelerando. De repente, parecia que o próprio tempo ficara mais lento. Em vez de sentir que o corpo estava num lugar e a mente em cinco outros, senti que tanto a mente quanto o corpo estavam inteiramente ali.

A sensação permaneceu comigo durante a tarde, quando notei outra mudança. Em vez de ser interrompido por distrações, consegui me concentrar por completo no trabalho. Por estar calmo e presente nas tarefas a cumprir, todas fluíram naturalmente. Em vez do meu estado usual, com a energia mental dividida e espalhada por vários temas conflitantes, meu estado era de foco no tema mais importante no presente. Cumprir as tarefas, além de exigir menos esforço, me deu alegria. Nesse caso, o que foi bom para a mente também foi bom para a alma.

Jiro Ono é o maior *sushiman* do mundo e tema do filme *O sushi dos sonhos de Jiro*, dirigido por David Gelb. Aos 95 anos, ele faz sushi há décadas, e para ele essa arte se tornou quase sem esforço. Mas essa não é simplesmente a história de como a prática e a experiência conduzem à maestria. Quando ele trabalha, vemos alguém inteiramente focalizado no momento.

Os essencialistas levam a vida inteira desse modo. E por isso conseguem aplicar toda a sua energia na tarefa a cumprir. Eles não diluem o esforço se perdendo com distrações. Sabem que a execução é fácil quando se trabalha com afinco e difícil quando se trabalha sem dedicação.

Multitarefa *versus* multifoco

Anos depois de me formar em Stanford, encontrei um ex-colega de turma. Eu estava no campus usando o computador de uma das salas quando ele veio me cumprimentar. Após um minuto falando amenidades, ele disse que estava desempregado. Explicou um pouco o que procurava e me pediu ajuda. Comecei lhe fazendo algumas perguntas para ver se poderia ser útil, mas com 20 segundos de conversa ele recebeu uma mensagem no celular. Sem dizer palavra, baixou os olhos e começou a responder. Fiz o que costumo fazer quando isso acontece: parei e esperei.

Dez segundos se passaram. Depois, 20. Simplesmente fiquei ali enquanto ele continuava a digitar. Ele não disse nada. Não deu sinais de estar prestes a falar comigo novamente. Por curiosidade, esperei para ver quanto tempo aquilo duraria. Mas, depois de dois minutos inteiros, o que é muito tempo quando estamos em pé esperando alguém, desisti, voltei à minha mesa e retomei o trabalho. Após mais cinco minutos, ele se fez presente de novo e me interrompeu pela segunda vez. Agora queria retomar a conversa, pedir ajuda para arranjar emprego. A princípio, me dispus a recomendá-lo para uma vaga, mas depois desse incidente admito que relutei em indicá-lo para uma entrevista da qual, de repente, ele poderia se ausentar: talvez o corpo estivesse presente, mas a mente, não.

Nesse momento você deve estar esperando que eu fale dos males da multitarefa, que o verdadeiro essencialista nunca tenta fazer mais de uma coisa de cada vez. Mas, na verdade, podemos fazer duas coisas ao mesmo tempo com facilidade: lavar a louça e ouvir rádio, jantar e conversar, arrumar a escrivaninha enquanto decide onde almoçar, mandar torpedos enquanto assiste à TV e assim por diante.

O que não conseguimos fazer é *nos concentrar* em duas coisas ao mesmo tempo. Quando falo sobre estar presente, não falo de *fazer* só uma coisa de cada vez. Falo de *manter o foco* numa coisa de cada vez. A multitarefa em si não é inimiga do essencialismo; fingir que podemos ter multifoco é.

Como estar no agora

O que fazer para ficarmos totalmente presentes no que está diante de nós? Conheça a seguir algumas técnicas simples.

DESCUBRA O QUE É MAIS IMPORTANTE NESTE MOMENTO

Certa vez, apresentei um seminário sobre essencialismo a uma equipe de executivos de Nova York. Aproveitei muito bem o tempo e me senti presente o tempo todo. Foi um dia ótimo. Mas, quando voltei ao quarto de hotel, fui puxado de súbito em centenas de direções. Tudo à minha volta me lembrava de todas as coisas que poderia estar fazendo: checar e-mails, verificar a secretária eletrônica, ler um livro, preparar a apresentação que faria dali a algumas semanas, registrar ideias interessantes surgidas das experiências do dia, etc. Não era apenas o número de coisas que parecia avassalador, era aquele estresse já conhecido de ter muitas tarefas disputando a primeira posição o tempo todo.

Quando senti a ansiedade e a tensão aumentarem, parei. Fechei os olhos e me perguntei: "O que é importante *agora*?" Depois de um instante de reflexão, percebi que, enquanto não soubesse essa resposta, o importante agora era descobrir o que era importante agora!

Levantei-me e comecei a organizar os objetos espalhados à minha volta, para que não me distraíssem. Desliguei o celular. Abri o diário e escrevi sobre o dia. Isso me deixou mais centrado. Peguei um papel e listei todas as coisas que estavam na minha cabeça. Então fui mais fundo e me perguntei: "O que preciso fazer para dormir em paz?" Decidi que o essencial era entrar em contato com minha mulher e meus filhos. Depois, só precisaria fazer as poucas coisas que tirariam quase todo o esforço que seria necessário nas primeiras horas da manhã seguinte: pedir para me acordarem e servirem o café da manhã no quarto; baixar a apresentação para o computador; passar minha camisa. E risquei tudo o que não era importante naquele momento.

Quando estiver diante de muitas tarefas e obrigações e não conseguir descobrir qual delas deve executar primeiro, pare. Respire fundo. Focalize o momento presente e se pergunte o que é mais importante naquele instante, não o que será mais importante amanhã nem daqui a uma hora. Se não tiver certeza, faça uma lista de tudo o que disputa a sua atenção e risque o que não for importante agora.

TIRE O FUTURO DA CABEÇA

Tirar o futuro da cabeça permite focar mais intensamente o que é mais importante no momento. No caso anterior, meu passo seguinte foi fazer uma lista das coisas que poderiam ser essenciais – só que não *agora*. Dessa vez, me perguntei: "O que gostaria de fazer algum dia em consequência do que aconteceu hoje?" Não era uma lista de compromissos assumidos, só um jeito de tirar todas as ideias da cabeça e colocá-las no papel. Com isso eu atendi a dois propósitos. O primeiro foi assegurar que não me esqueceria daquelas ideias, que poderiam ser úteis mais tarde. O segundo, me livrar da sensação estressante de que eu precisava agir a respeito delas bem naquele segundo.

PRIORIZE

Depois disso, coloquei os itens de cada lista em ordem de prioridade. Em seguida, examinei os afazeres da lista "O que é essencial agora". Fui executando um a um e ticando os itens. Quando fui dormir, eu não só tinha feito tudo o que precisava fazer naquele momento como também executara essas tarefas de maneira melhor e mais depressa por estar concentrado.

A pausa renovadora

Certa vez, ensinaram a Jeffrey A. Rodgers, diretor da Cornish & Carey Commercial/Newmark Knight Frank, a ideia simples de parar para se renovar. Tudo começou quando ele percebeu que à noite, quando chegava do trabalho, sua mente ainda estava presa a projetos ligados ao serviço. Todos conhecemos essa sensação. Saímos fisicamente do escritório, mas ainda estamos lá mentalmente, com a cabeça presa num círculo sem fim, repassando os fatos do dia e se preocupando com tudo o que será preciso fazer no dia seguinte.

Hoje, quando se aproxima da porta de casa, Jeff aplica a "pausa renovadora". A técnica é fácil. Ele para só um momento. Fecha os olhos. Inspira e expira uma vez, lenta e profundamente. Quando solta o ar, ele deixa os problemas do trabalho irem embora. Isso lhe permite entrar pela porta da frente e encontrar a família apenas com o propósito de estar ali com eles. E confirma a noção atribuída a Lao-Tsé: "No trabalho, faça o que gosta. Com a família, esteja presente por inteiro."

Thich Nhat Hanh, monge zen-budista vietnamita que já foi chamado de "homem mais calmo do mundo", passou a vida inteira estudando como viver em *kairós*, embora chame essa abordagem de atenção plena ou "mente do iniciante". Ele escreveu: "A atenção plena ajuda a voltar ao presente. E toda vez que se chega e se reconhece a condição de felicidade que temos, a felicidade vem."[1]

Esse foco em estar no momento presente afeta tudo o que ele faz. Todo dia, Thich leva uma hora inteira para tomar uma xícara de chá com os outros monges. E explica:

> Suponha que você esteja tomando uma xícara de chá. Quando segura a xícara, talvez seja bom inspirar para trazer a mente de volta ao corpo e ficar inteiramente presente. E quando se está de fato ali, há outra coisa ali também: a vida, representada pela xícara de chá. Naquele momento você é real e a xícara de chá é real. Você não está perdido no passado, no futuro, nos projetos, nas preocupações. Está livre de todas essas aflições. E, nesse estado de liberdade, aprecia o seu chá. Esse é o momento da felicidade e da paz.

Durante o dia, preste atenção nos seus momentos de *kairós*. Escreva-os no diário. Pense no que provocou aquele momento e no que o tirou dele. Quando já souber o que provoca o momento, tente recriá-lo.

Treinar-se para sintonizar o *kairós*, além de lhe permitir um nível mais alto de contribuição, também o deixará mais feliz.

Capítulo 20

SER

A vida essencialista

Tome cuidado com a aridez de uma vida ocupada.

— Sócrates

Tudo começou quando ele estudava para se tornar advogado na Inglaterra. Vindo de família rica e tendo boas perspectivas profissionais, o futuro parecia brilhante. Todo dia, acordava com uma sensação de certeza. Tinha clareza de seu principal objetivo: estudar para se formar em Direito e depois levar uma vida confortável. Mas então ele aproveitou uma oportunidade de dar a volta ao mundo e tudo mudou.

Mohandas K. Gandhi foi à África do Sul e viu a opressão. De repente, descobriu um propósito mais elevado: a libertação dos oprimidos do mundo inteiro.

Com essa nova unicidade de propósito, eliminou tudo o mais da vida. Chamou o processo de "reduzir-se a zero".[1] Passou a vestir tecidos feitos por ele mesmo (*khadi*) e inspirou os seguidores a fazerem o mesmo. Ficou três anos sem ler jornais porque descobriu que seu conteúdo só acrescentava confusão não essencial à vida. Passou 35 anos experimentando para simplificar a alimentação.[2] Passava um dia por semana sem falar. Seria pouco dizer que evitava o consumismo; quando morreu, tinha menos de 10 pertences.

É claro que o mais importante foi ter dedicado a vida a ajudar o povo da Índia a conquistar a independência. Intencionalmente, nunca defendeu nenhuma posição política, mas na Índia tornou-se oficialmente o "pai da Nação". Sua contribuição, porém, foi muito além da Índia. Como disse o general George C. Marshall, o 50º secretário de Estado americano, por ocasião do falecimento de Gandhi: "Gandhi foi o porta-voz da consciência da humanidade, um homem que tornou a humildade e a simples verdade mais poderosas do que impérios."[3] E Albert Einstein acrescentou: "As futuras gerações mal acreditarão que um homem como esse já caminhou em carne e osso sobre a Terra."[4]

É claro que não precisamos ser exatamente como Gandhi para nos beneficiar do exemplo de alguém que viveu totalmente como um essencialista. Todos podemos eliminar da vida o que não é essencial e seguir o caminho do essencialista – à nossa maneira, no nosso tempo e na nossa escala. Todos podemos levar uma vida não só de simplicidade como de grande contribuição e significado.

Viver essencialmente

Há duas maneiras de pensar o essencialismo. A primeira é vê-lo como algo que se *faz* de vez em quando. A segunda é pensar nele como algo que se *é*. Na primeira, o essencialismo é mais um item acrescentado a uma vida já cheia. Na outra, é um modo diferente e mais simples de fazer tudo. Ele se torna um estilo de vida, uma abordagem abrangente para viver e liderar. Ele se torna a essência de quem somos.

O essencialismo tem raízes profundas em muitas tradições espirituais e religiosas. Buda deixou a vida de príncipe para buscar a vida ascética. Isso o levou à iluminação e ao nascimento do budismo. Do mesmo modo, o judaísmo tem origem na história de Moisés, que abandonou a vida opulenta de príncipe adotado do Egito para viver no deserto como pastor. Foi lá que descobriu a missão essencial de libertar os israelitas da servidão.

O profeta Maomé levou uma vida essencial na qual remendava os próprios sapatos e roupas e ordenhava a própria cabra, e ensinou seus seguidores no islamismo a fazer o mesmo. João

Batista também é exemplo de pessoa que levou uma vida simples: morava no deserto, usava roupas de pelo de camelo e comia o que a terra lhe dava. Grupos cristãos como os quacres também mantiveram na fé um firme elemento essencialista: por exemplo, praticavam o "testemunho da simplicidade", no qual se comprometiam a levar uma vida que só tivesse o essencial. Jesus foi carpinteiro e depois, em seu ministério, viveu sem riqueza, posição política nem pertences materiais.

Podemos ver a filosofia de "menos porém melhor" refletida na vida de outros personagens notáveis, religiosos e seculares, no decorrer da história: para citar alguns, o Dalai-Lama, Steve Jobs, Leon Tolstoi, Michael Jordan, Warren Buffett, Madre Teresa e Henry David Thoreau (que escreveu: "Acredito na simplicidade. É tão impressionante quanto triste a quantidade de problemas triviais que até os mais sábios acham que precisam resolver num dia; [...] portanto, simplifique o problema da vida, distinga o necessário e o real.").[5]

Na verdade, encontramos essencialistas entre os mais bem-sucedidos em todos os campos de realização humana. São líderes religiosos, jornalistas, políticos, advogados, médicos, investidores, atletas, escritores, artistas plásticos. Dão sua máxima contribuição de várias maneiras. Mas têm um traço em comum: a ideia de "menos porém melhor" não é da boca para fora. Eles escolheram deliberadamente adotar por completo o modo de viver do essencialista.

Seja qual for o trabalho, a área ou o setor em que estamos, todos podemos escolher a mesma coisa.

Espero que, neste ponto do livro, você já tenha aprendido e absorvido todos os princípios e habilidades básicos do essencialista. Neste capítulo, chegou a hora de dar o último passo e aprender a usar essas habilidades não para praticar o essencialismo apenas de vez em quando, mas para se tornar um verdadeiro essencialista.

FORMAR-SE EM ATIVIDADES MENORES

Há uma grande diferença entre ser um não essencialista que por acaso aplica práticas essencialistas e um essencialista que só de vez em quando resvala em algumas práticas não essencialistas. A maioria de nós tem por dentro um pouco de essencialista e um pouco de não essencialista, mas a questão é: quem está no núcleo?

Quem tem o núcleo essencialista obtém muito mais de cada investimento do que quem só o absorve superficialmente. Na verdade, os benefícios se tornam cumulativos. As escolhas que fazemos a favor do essencial e da eliminação do não essencial vão se superpondo, tornando essa escolha cada vez mais habitual até se tornar natural. Com o tempo, aquele núcleo interno se expande até eclipsar nossa parte ainda perdida no não essencial.

É fácil se ver aprisionado pelo paradoxo do sucesso que discutimos no primeiro capítulo. Temos a clareza de propósito que nos leva ao êxito. Mas com ele obtemos novas opções e oportunidades. Isso parece bom, mas lembre-se: sem querer, essas opções nos distraem, nos tentam, nos afastam. A clareza se nubla e logo nos vemos sobrecarregados. Agora, em vez de sermos utilizados no nível máximo de contribuição, fazemos apenas um milímetro de progresso num milhão de direções. Em última análise, o sucesso se torna um catalisador do fracasso. O único jeito de sair desse ciclo é seguir o caminho do essencialista.

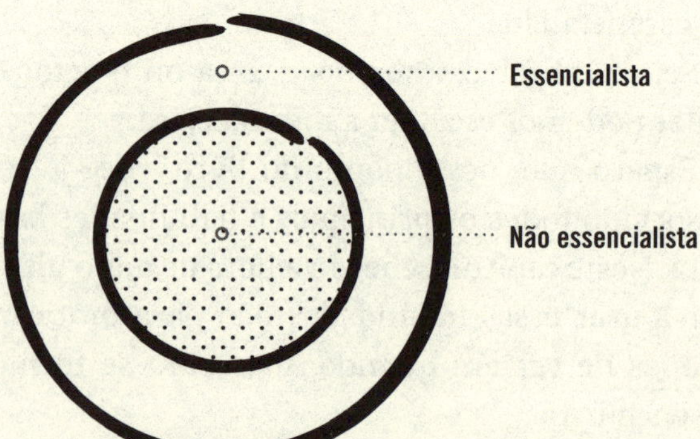

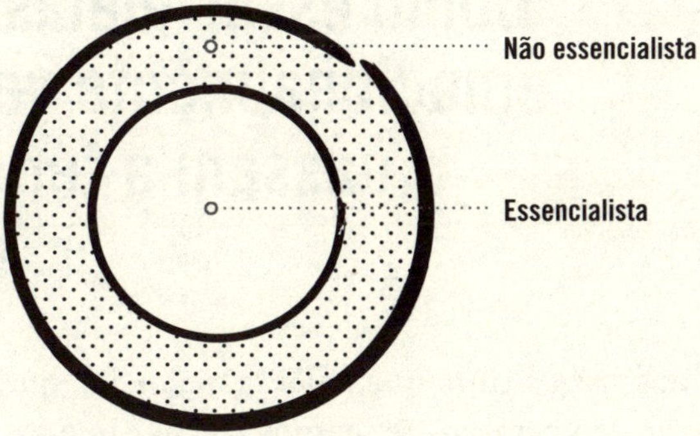

Mas esse caminho não se reduz a contar vitórias; trata-se de levar a vida com significado e propósito. Ao recordar a carreira e a vida, o que é melhor: ver um enorme rol de realizações sem nenhuma importância ou poucas realizações maiores com significado e importância reais?

Caso se permita adotá-lo inteiramente – vivê-lo de verdade em tudo o que faz, seja em casa, seja no trabalho –, o essencialismo passará a fazer parte do modo como você vê e entende o mundo. O pensamento muda tão profundamente que as práticas do essencialismo que discutimos e muitas outras que você desenvolverá se tornam naturais e instintivas:

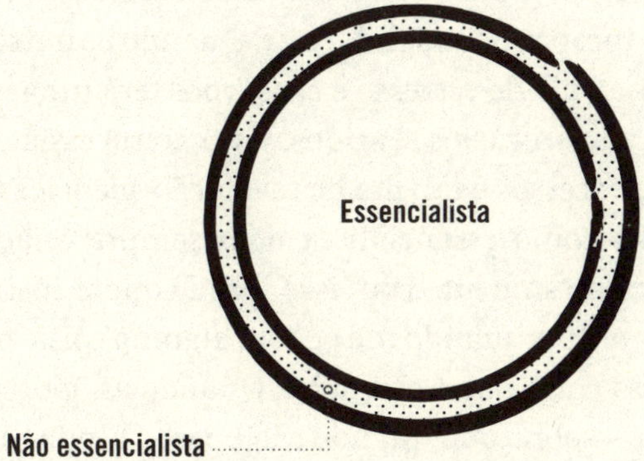

Como essas ideias se tornam emocionalmente verdadeiras, passam a ter o poder de nos mudar.

Os gregos tinham a palavra *metanoia*, que significa uma mudança do coração. Tendemos a achar que as mudanças só acontecem na mente. Mas, como está em Provérbios, "Porque, como imaginou *no seu coração*, assim é ele".[6] Da mesma forma que o fundamento principal do essencialismo penetra no coração, o caminho do essencialista passa a ser o nosso jeito de ser. Tornamo-nos uma versão melhor e diferente de nós mesmos.

Quando nos tornamos essencialistas, descobrimos que não somos como todo mundo. Quando os outros dizem sim, dizemos não. Quando os outros fazem, pensamos. Quando os outros falam, escutamos. Quando os outros estão sob os refletores, disputando atenção, aguardamos nos bastidores até chegar nossa hora de brilhar. Quando os outros estiverem aperfeiçoando currículos e melhorando o perfil no LinkedIn, você estará construindo uma carreira significativa. Quando os outros estiverem reclamando (ou melhor, se gabando) da grande quantidade de afazeres, você sorrirá por educação, incapaz de se solidarizar. Quando os outros estiverem levando uma vida de estresse e caos, você terá uma vida de impacto e realização. Em vários sentidos, viver como essencialista nesta sociedade de excessos é um ato de revolução silenciosa.

Viver totalmente como essencialista nem sempre é fácil. Em muitos aspectos, eu mesmo luto com isso. Ainda quero instintivamente agradar aos outros quando me pedem alguma coisa, mesmo quando sei que essa coisa não é essencial. Quando as oportunidades se apresentam – sobretudo quando são boas –, ainda me pego pensando "Posso fazer as duas coisas", mesmo que na verdade não possa. Ainda combato a ânsia de olhar o celular por impulso. Serei o primeiro a admitir: a transição não acontece da noite para o dia.

Mesmo assim, com o tempo descobri que fica cada vez mais fácil. Dizer não se torna menos desconfortável. As decisões ficam muito mais claras. Eliminar o que não é essencial passa a ser mais natural e instintivo. Sinto que tenho mais controle das minhas escolhas, a ponto de tornar a minha vida diferente. Se você abrir coração e mente para adotar totalmente o essencialismo, essas coisas também serão verdadeiras para você.

Hoje, o essencialismo não é apenas algo que aplico de vez em quando. Estou me tornando um essencialista o tempo todo. A princípio, foram algumas escolhas deliberadas que se transformaram num estilo de vida que, então, me alterou profundamente. Continuo a descobrir, quase todo dia, que posso fazer cada vez menos – e contribuir mais.

É mais fácil exemplificar o que significa para mim ser essencialista em pequenos momentos como estes:

- Escolher brincar com os filhos em vez de comparecer a um evento para aumentar a rede de contatos
- Escolher dizer não a clientes internacionais para poder escrever
- Escolher um dia por semana para não entrar em nenhuma rede social e ficar totalmente presente em casa
- Escolher me levantar às 5 da manhã durante oito meses para escrever até as 13 horas e terminar este livro
- Escolher acampar com os filhos e adiar o prazo de algum trabalho
- Escolher não assistir a filmes nem televisão quando viajo a negócios para ter tempo de refletir e descansar
- Escolher regularmente um dia inteiro para dedicar à prioridade daquele dia, mesmo que isso signifique não fazer mais nada que esteja na lista de afazeres
- Escolher não pegar o romance que estou lendo porque hoje ele não é prioridade

- Escolher, quase todo dia nos últimos 15 anos, escrever no diário
- Escolher dizer não a uma oportunidade de palestra para jantar fora com minha esposa
- Escolher dar o telefonema habitual ao meu avô de quase 100 anos em vez de ficar no Facebook
- Escolher a recusa a uma proposta recente de ser professor em Stanford porque isso me afastaria da minha família e das palestras para disseminar a mensagem do essencialismo

A lista continua, mas quero mostrar aqui que focalizar o essencial é uma *escolha*. É *sua* escolha. Isso, em si, é incrivelmente libertador.

Anos atrás, depois de largar a faculdade de Direito, tive que decidir que carreira eu seguiria. Com ajuda de Anna, examinei dezenas, talvez centenas de ideias diferentes. Então, um dia, voltávamos para casa e perguntei: "E se eu fizesse uma pós-graduação em Stanford?" Houve muitos "E se?" como esse. Em geral, as ideias não calavam fundo. Mas dessa vez tive uma sensação imediata de clareza: naquele instante, eu simplesmente soube, enquanto as palavras saíam dos meus lábios, que aquele era o caminho essencial para mim.

O que me deixou tão seguro de estar no caminho certo foi perder a clareza assim que pensei em me matricular em outra universidade. Várias vezes comecei o processo de matrícula em outros programas, mas parava em poucos minutos. A sensação não era a certa. Então concentrei meus esforços naquele único pedido de matrícula. Enquanto aguardava a resposta da universidade, muitas outras oportunidades, algumas bastante tentadoras, se apresentaram. Eu disse não a todas. Mas, apesar da incerteza de ainda não saber se fora aceito, não fiquei ansioso nem nervoso. Estava calmo, focado, no controle.

Só me candidatei a Stanford – nas duas vezes. Quando finalmente recebi a aprovação – na segunda vez –, para mim ficou claro que aquela era a coisa mais fundamental que eu teria que fazer. Era o caminho certo na hora certa. Era a confirmação silenciosa e pessoal do jeito do essencialista.

Se não tivesse escolhido o caminho do essencialista, talvez nunca seguisse a estratégia "Stanford ou morte". Talvez nunca tivesse publicado na *Harvard Business Review*. E com muita certeza jamais teria escrito as palavras que agora você lê, absorve e sobre as quais, espero, pensa bastante, no sentido de encontrar um modo de integrá-las à sua vida.

Tornar-se essencialista é um processo demorado, mas os benefícios são infindáveis. Eis alguns aspectos em que a busca disciplinada por menos pode mudar sua vida para melhor.

MAIS CLAREZA

Lembra-se do armário metafórico sobre o qual discutimos no primeiro capítulo? Enquanto continua arrumando o armário da vida, você sentirá a reorganização do que realmente importa. A vida terá menos a ver com riscar eficientemente o que estava na lista de afazeres ou correr de um compromisso a outro e mais com a mudança do que se põe na lista ou na agenda. A cada dia, mais do que no dia anterior, ficará mais claro que o essencial é muito mais relevante do que a segunda coisa na fila. Em consequência, a execução dessas coisas essenciais exigirá cada vez menos esforço.

MAIS CONTROLE

Você ganhará confiança na capacidade de parar, adiar e não correr. Vai se sentir cada vez menos um joguete das listas e agendas dos outros. Lembre-se: se não priorizar sua vida, os outros farão isso por você. Mas se estiver decidido a priorizar sua vida, você consegue. O poder é seu. Está dentro de você.

MAIS ALEGRIA NA JORNADA

Com o foco no que é realmente importante agora, vem a capacidade de levar a vida com mais intensidade no momento presente. Para mim, um benefício fundamental de estar mais presente no momento foi a criação de lembranças alegres que, de outro modo, não existiriam. Sorrio mais. Dou valor à simplicidade. Sou mais alegre.

Como já disse o Dalai-Lama, outro verdadeiro essencialista: "Quando a vida é simples, o contentamento tem de vir. A simplicidade é extremamente importante para a felicidade."

A vida essencial: ter uma vida que *realmente* importa

A vida do essencialista é uma vida com significado. É uma vida que realmente importa.

Quando preciso me lembrar disso, penso na história de um homem que perdeu a filha de 3 anos. Na sua tristeza, ele resolveu editar um vídeo da curta vida da menina. Mas, quando repassou todos os vídeos domésticos, percebeu que faltava uma coisa. Ele filmara todos os passeios, todas as viagens que tinham feito. Havia horas e horas de gravação, mas o problema não era esse. O que ele percebeu foi que, embora tivesse muitas imagens dos lugares que tinham visitado – a vista, as paisagens, as refeições, os pontos turísticos –, não havia quase nenhum *close* da filha. Ele ficara tão ocupado filmando o ambiente que deixara de registrar o que era essencial.

Essa história reúne os dois aprendizados mais pessoais que tive na longa jornada para escrever este livro. O primeiro é o papel importantíssimo da família em minha vida. No final das contas, comparado a ela, todo o resto fica insignificante. O segundo é o tempo minúsculo que nos resta de vida. Para mim, essa ideia não é deprimente, é emocionante. Ela remove o medo de escolher a coisa errada. Introduz coragem dentro dos ossos. Ela me desafia a ser ainda mais seletivo, mesmo que de forma insensata, no uso desse tempo precioso.

O essencialista leva a vida sem arrependimentos. Quando identificamos corretamente o que mais importa e investimos tempo e energia nisso, fica difícil lamentar as escolhas feitas. Sentimos orgulho da vida que escolhemos ter.

E você? Escolherá levar uma vida com propósito e significado ou recordará sua única vida com pontadas de arrependimento? Se guardar uma única coisa deste livro, espero que seja esta: qualquer que seja a decisão, o desafio ou a encruzilhada que encontre na vida, basta se perguntar: "O que é essencial?" Responda com sinceridade e elimine todo o resto.

Quem está disposto a procurar dentro de si a resposta a essa pergunta está pronto para percorrer o caminho do essencialista.

Capítulo 21

O essencial da liderança

Nunca duvide que um grupinho de cidadãos ponderados e dedicados consiga mudar o mundo; na verdade, é a única coisa que já conseguiu.

— *Margaret Mead*

Jeff Weiner, presidente-executivo do LinkedIn, considera que "menos coisas mais bem-feitas" é o mecanismo mais poderoso da liderança. Quando assumiu a empresa, poderia facilmente adotar o padrão de funcionamento da maioria das empresas mais recentes no Vale do Silício e tentar fazer tudo. Em vez disso, disse não a oportunidades excelentes para só ir atrás das melhores. Ele ensina sua filosofia aos funcionários por meio de slogans marcantes: "Menos coisas mais bem-feitas", "Transmitir a informação certa às pessoas certas na hora certa" e "Rapidez e qualidade na tomada de decisões". Na verdade, isso é que é liderar essencialmente.

EQUIPES ESSENCIALISTAS

O essencialismo como modo de pensar e agir é pertinente tanto à maneira como se lideram empresas e equipes quanto à forma como levamos a vida. Na verdade, muitas ideias que expus neste livro ficaram claras para mim pela primeira vez no trabalho com equipes executivas.

Desde então, reuni dados de mais de 500 indivíduos sobre sua experiência em mais de mil equipes. Pedi-lhes que respondessem a uma série de perguntas sobre a época em que trabalharam numa equipe *unificada*, como tinha sido a experiência, o papel do gestor, o resultado final. Depois pedi que a comparassem com a época em que participaram de uma equipe *disfuncional* e dissessem como era, que papel tivera o gestor, como isso afetara o resultado final.

A conclusão dessa pesquisa foi espantosa: quando houve alto nível de clareza de propósito, as equipes e os seus membros prosperaram muito mais. Quando houve falta grave de clareza a respeito de crenças, metas e papéis da equipe, seus integrantes sentiram confusão, estresse e frustração, e, em última análise, fracassaram.

Essa é apenas uma das muitas razões para que o princípio "menos porém melhor" seja tão útil na montagem de equipes capazes de fazer diferença quanto na capacitação de indivíduos para uma vida realmente importante. Hoje, a vida das equipes é rápida e cheia de oportunidades. Quando são equipes unidas, a abundância de oportunidades pode ser boa. Mas quando falta clareza de propósito, fica difícil e até impossível para a equipe discernir quais são verdadeiramente vitais na miríade de oportunidades. A consequência não intencional é que os gestores não essencialistas tentam levar seus colaboradores a buscar coisas demais – e também tentam, eles mesmos, fazer coisas demais –, e o progresso da equipe não ultrapassa determinado nível. O líder essencialista escolhe de forma diferente. Com clareza de propósito, ele é capaz de aplicar o lema "menos porém melhor" a tudo, da seleção de talentos à gestão, aos papéis, à comunicação, às responsabilidades. Em consequência, o grupo se une e avança para o próximo nível.

OS ELEMENTOS DA LIDERANÇA ESSENCIALISTA

Neste ponto do livro, você já aprendeu as falhas do pensamento não essencialista e substituiu essa lógica falsa pelas verdades básicas do essencialismo. Mas o essencialismo não termina no indivíduo. Se você é líder em qualquer nível, seja numa equipe de dois colegas ou num departamento com 500 funcionários, seja num grupo da escola ou da comunidade, o próximo passo da jornada, se quiser dá-lo, é aplicar à liderança essas mesmas habilidades e visões de mundo.

No quadro a seguir, estão claras as vantagens de aplicar a abordagem essencialista a todos os aspectos importantes da liderança. Mesmo assim, vamos detalhar um pouco melhor como liderar como um essencialista.

	Não essencialista	Essencialista
MENTALIDADE	Tudo a todos	Menos porém melhor
TALENTOS	Contrata freneticamente	Absurdamente seletivo na escolha de talentos; elimina quem puxa a equipe para trás
ESTRATÉGIA	Usa uma estratégia em cima do muro, na qual tudo é prioridade	Define o objetivo essencial com a pergunta: "Se só pudéssemos fazer uma coisa, qual seria?" Elimina as distrações não essenciais
CAPACITAÇÃO	Permite ambiguidade a respeito de quem faz o quê. As decisões são arbitrárias	Focaliza o melhor papel e a meta de contribuição máxima de cada membro da equipe
COMUNICAÇÃO	Fala em código	Escuta o que é essencial
RESPONSABILIDADE	Aceita demais ou fica tão ocupado que a rejeita como um todo. Às vezes faz as duas coisas: atrapalha o foco do grupo e depois se ausenta do grupo	Verifica, com delicadeza, se é possível a cada um remover obstáculos e permitir pequenas vitórias
RESULTADO	Uma equipe fragmentada que faz apenas um milímetro de progresso num milhão de direções	Uma equipe unificada que consegue chegar ao próximo nível de contribuição

SEJA ABSURDAMENTE SELETIVO NA CONTRATAÇÃO

O não essencialista tende a contratar de maneira frenética e impulsiva – e depois fica ocupado ou distraído demais para demitir ou remanejar as pessoas que atrasam a equipe. A princípio, o paraíso das contratações parece justificar-se porque é preciso manter o ritmo de crescimento. Mas, na verdade, uma contratação errada sai muito mais caro do que a falta de um funcionário. E o custo de contratar várias pessoas erradas (e uma contratação errada costuma levar a várias contratações erradas, porque a pessoa errada tende a atrair mais gente errada) é a chamada "explosão de Bozos", expressão de Guy Kawasaki para descrever o que acontece quando uma equipe ou empresa que era ótima cai na mediocridade.[1]

Por outro lado, o essencialista é absurdamente seletivo com os talentos. Tem disciplina para aguardar a contratação perfeita, por mais currículos que precise examinar, por mais entrevistas que tenha de realizar, por mais buscas de talentos que tenha de fazer, e não hesita em remover quem puxa a equipe para trás. O resultado é uma equipe cheia de gente de alto nível cujo esforço coletivo acrescenta mais do que a soma das partes (veja mais sobre esse tema no Capítulo 9, "Selecionar").

DEBATA ATÉ ESTABELECER DE MODO REALMENTE CLARO (E NÃO BASTANTE CLARO) UM INTENTO ESSENCIAL

Sem clareza de propósito, os líderes não essencialistas usam uma estratégia em cima do muro: tentam atingir objetivos demais e fazer coisas demais. Em consequência, as equipes se espalham num milhão de direções e fazem pouco progresso em todas elas. Desperdiçam tempo com o que não é essencial e negligenciam o que realmente importa (veja no Capítulo 10 a importância do propósito e do objetivo essencial). Hoje em dia, fala-se muito do "alinhamento" das empresas, e realmente, quanto mais alinhada a equipe, maior será a contribuição dele. O objetivo claro leva ao alinhamento; direções vagas sempre produzem desalinhamento.

BUSQUE A EXTREMA CAPACITAÇÃO

O não essencialista reduz a capacidade dos outros ao permitir ambiguidade sobre quem faz o quê. Costuma-se justificar isso em nome do desejo de ter uma equipe ágil ou flexível. Mas na verdade cria-se uma falsa agilidade. Quando não se sabe qual é a real responsabilidade de cada um nem como o desempenho será avaliado, quando as decisões são ou parecem ser arbitrárias e quando os papéis são mal definidos, logo os integrantes desistem ou, pior ainda, ficam obcecados em parecer ocupados e, portanto, importantes em vez de realmente pôr mãos à obra.

O essencialista compreende que a clareza é o segredo da capacitação. Ele não permite que os papéis sejam vagos e genéricos. Assegura que cada membro da equipe tenha verdadeira clareza sobre a contribuição que se espera dele e de todos os outros. Recentemente, um presidente-executivo admitiu que permitira que a ambiguidade da equipe prejudicasse a empresa como um todo. Para reparar os danos, disse que passou por um imenso processo de otimização até ter apenas quatro subordinados, cada um com uma responsabilidade funcional clara na empresa inteira.

Peter Thiel, empreendedor e capitalista de risco, levou o lema "menos porém melhor" a um nível nada ortodoxo quando insistiu que os funcionários do PayPal escolhessem uma única prioridade de seu papel e se concentrassem exclusivamente nela. Como recorda Keith Rabois, executivo do PayPal: "Peter exigiu que cada um se encarregasse de uma única prioridade. Recusava-se a discutir praticamente tudo conosco, a não ser a iniciativa número 1 que nos era atribuída naquele momento."[2] O resultado foi que os funcionários se capacitaram a fazer qualquer coisa dentro dos limites daquele papel claramente definido que, segundo eles, daria um alto nível de contribuição à missão de todos na empresa.

TRANSMITA AS COISAS CERTAS ÀS PESSOAS CERTAS NO MOMENTO CERTO

O líder não essencialista se comunica em código, e, em consequência, ninguém tem certeza do *real* significado de nada. A comunicação não essencialista costuma ser genérica demais para ser útil ou muda tão depressa que todo mundo é pego desprevenido. Por outro lado, os líderes essencialistas transmitem as coisas certas às pessoas certas no momento certo. São sucintos e optam por restringir a comunicação para manter a equipe focalizada. Quando falam, são claríssimos. Evitam jargões sem sentido, e a mensagem é sempre coerente. Dessa maneira, as equipes conseguem separar o essencial em meio a todo o ruído trivial.

VERIFIQUE COM FREQUÊNCIA A SITUAÇÃO PARA GARANTIR UM PROGRESSO SIGNIFICATIVO

O líder não essencialista não é bom no quesito responsabilidade. Uma razão básica e um tanto óbvia é que, quanto mais coisas se tenta fazer, mais difícil é acompanhar todas elas. Sem querer, o líder não essencialista pode treinar o pessoal a não esperar nenhum acompanhamento. Os membros da equipe logo aprendem que não há repercussão em caso de falhas e improvisos ou de priorizar o fácil acima do importante. Cada objetivo só será enfatizado por um instante, até dar lugar ao item seguinte.

Por se demorar esclarecendo o único item crucial, o líder essencialista torna o acompanhamento tão fácil e sem atrito que ele acaba acontecendo. Ao verificar frequentemente o trabalho para recompensar pequenas vitórias e remover obstáculos, ele promove motivação e foco e permite que a equipe faça progressos mais significativos (veja, no Capítulo 17, o poder do progresso).

A simples liderança de acordo com o princípio "menos porém melhor" permitirá que a equipe aumente o nível de contribuição coletiva e realize algo verdadeiramente extraordinário.

Como explicado por Ela Bhatt, líder essencialista clássica e realmente visionária, que foi citada como heroína pessoal por Hillary Clinton e tem como legado o prestigiado Prêmio Indira Gandhi pela Paz e dezenas de instituições dedicadas a melhorar as condições de vida de mulheres pobres na Índia:

> De todas as virtudes, a simplicidade é a minha favorita, tanto que acredito que pode resolver a maioria dos problemas, sejam pessoais, sejam mundiais. Quando a abordagem da vida é simples, não é preciso mentir tanto, nem brigar, roubar, invejar, enraivecer, agredir, matar. Todos terão o suficiente com abundância, e não precisarão acumular, especular, apostar, odiar. Quando o caráter é belo, somos belos. Essa é a beleza da simplicidade.[3]

Na verdade, essa é a beleza de liderar como um essencialista.

APÊNDICE

Desafio 21 Dias de Essencialismo

Muita gente que quer se tornar essencialista me pergunta como começar. Minha resposta é: faça o Desafio 21 Dias de Essencialismo. Cada dia corresponde a um capítulo do livro e consiste em uma pequena atitude que você pode tomar para facilitar o início dessa jornada. Recomendo convidar pessoas da sua equipe e da sua família a fazer o desafio com você. Conversem sobre suas experiências: o que foi difícil, o que atrapalhou, o que foi fácil, o que vocês conseguiram.

Também preparei um vídeo curto para cada dia do desafio. Visite <essentialism.flywheelsites.com/21-day-challenge/> (em inglês) e use o código a seguir para acessar cada um deles: RsB8S13d@

Às vezes, tornar-se essencialista parece difícil e massacrante. Mas não precisa ser assim.

DIA 1: **O essencialista** Encontre um parceiro a quem prestar contas e leiam juntos o Capítulo 1 de *Essencialismo*. Convide-o a fazer o Desafio 21 Dias com você.

DIA 2: **Escolher** Quando se pegar dizendo "Tenho que fazer...", substitua por "Escolho fazer... [preencha a lacuna]".

DIA 3: **Discernir** Pergunte-se: "Qual é a coisa mais importante que posso fazer hoje?"

DIA 4: **Perder para ganhar** Quando o pensamento "Vou fazer as duas coisas" lhe passar pela cabeça, pare, reflita e escolha uma delas.

DIA 5: **Escapar** Programe um Retiro Pessoal Trimestral para se concentrar no que é essencial.

DIA 6: **Olhar** Comece um diário essencialista: escreva apenas uma frase por dia, respondendo à pergunta: "O que aconteceu de mais importante hoje?"

DIA 7: **Brincar** Passe dez minutos se divertindo com uma criança. Entregue-se à exploração mágica que é tão espontânea para as crianças.

DIA 8: **Dormir** Tire um cochilo de vinte minutos.

DIA 9: **Selecionar** Transforme alguma coisa que não seja um *sim* óbvio em um *não* óbvio.

DIA 10: **Esclarecer** Antes da próxima reunião, pare e pense em uma única coisa que você realmente queira alcançar nessa reunião.

DIA 11: **Ousar** Escreva uma forma de dizer não com elegância. Formule a frase com atenção e pratique dizê-la.

DIA 12: **Descomprometer-se** Avalie cada compromisso em sua agenda esta semana e se pergunte: "Se eu já não estivesse envolvido nisso, até que ponto me esforçaria para me envolver agora?"

DIA 13: **Editar** Use esta nova regra por um dia: para incluir uma atividade nova em sua agenda, você terá que eliminar outra existente.

DIA 14: **Limitar** Na próxima vez que alguém lhe pedir alguma coisa, pare e diga: "Vou olhar minha agenda e aviso a você."

DIA 15: **Prevenir** Inclua quatro "compromissos" de meia hora em sua agenda todo dia, como *margem de segurança*: um tempo reservado para os problemas e oportunidades inesperados que aparecerem.

DIA 16: **Subtrair** Quando enfrentar um obstáculo, evite soluções de curto prazo e se pergunte: "Como posso remover esse obstáculo de vez?"

DIA 17: **Avançar** Comece uma reunião com a pergunta: "O que deu certo desde nosso último encontro?"

DIA 18: **Fluir** Pegue um calendário semanal em branco e crie sua Rotina dos Sonhos: como você quer passar o tempo toda semana?

DIA 19: **Focalizar** Pare uma vez e se pergunte: "O que é importante agora?"

DIA 20: **Ser** Marque um Retiro Pessoal Trimestral para explorar, conversar, refletir, sonhar e planejar.

DIA 21: **O essencial da liderança** Convide sua equipe a ler o *Essencialismo*, como em um clube de leitura. Assim vocês terão uma linguagem em comum para falar das coisas que realmente importam.

As notas e agradecimentos deste livro estão disponíveis em:
https://sextante.com.br/essencialismo/notas.pdf